乡村振兴战略下图书馆文化项目开发与实施研究

黄辉 著

中国商业出版社

图书在版编目（CIP）数据

乡村振兴战略下图书馆文化项目开发与实施研究 / 黄辉著 . -- 北京 : 中国商业出版社 , 2022.8
ISBN 978-7-5208-2205-3

Ⅰ . ①乡… Ⅱ . ①黄… Ⅲ . ①农村图书馆—图书馆工作—研究—中国 Ⅳ . ① G258.23

中国版本图书馆 CIP 数据核字 (2022) 第 165692 号

责任编辑：陈　皓
策划编辑：常　松

中国商业出版社出版发行
（www.zgsycb.com 100053 北京广安门内报国寺 1 号）
总编室：010-63180647　编辑室：010-83114579
发行部：010-83120835/8286
新华书店经销
定州启航印刷有限公司印刷
*
710 毫米 ×1000 毫米　16 开　12.5 印张　230 千字
2022 年 8 月第 1 版　2023 年 1 月第 1 次印刷
定价：88.00 元
*　*　*　*
（如有印装质量问题可更换）

前 言
Preface

图书馆事业既是社会主义公共文化服务体系的重要组成部分，也是国家文化宏观调控的有效手段。振兴乡村文化是新时代图书馆事业的历史使命。图书馆必须积极地投入乡村文化振兴，充分发挥图书馆自身强大的文化优势，消除信息鸿沟，体现信息公平，为乡村文化振兴提供价值支撑，为文化精准扶贫提供智力推动，为乡村文明新风尚发挥文明牵引作用，助推乡村振兴战略目标的早日实现。

乡村文化振兴离不开乡村图书馆的发展。乡村图书馆不仅具有保存文化记忆、传播人类知识的基本功能，以及社会教育、休闲娱乐、公共空间等衍生功能，它还有一个与城市图书馆不同的功能，即培育乡土认同感。一个功能完善的乡村图书馆，能留住乡愁，能带动乡村精神面貌发生改变。其公共物品的外部效应也很大，如净化乡村风尚、促进乡村旅游与农业的发展等。

乡村振兴战略是新时代做好“三农”工作的总抓手，本书第一章基于乡村振兴战略为切入点，对乡村振兴战略的主要内容、基本特征、科学实践、战略导向等进行概述。第二章剖析了图书馆文化助力乡村振兴的相关理论基础、文化精准服务与乡村文化振兴的有效衔接，并简单介绍了图书馆与乡村文化振兴的共建与共荣，旨在为推进乡村振兴战略提供参考。第三章至第八章主要介绍当下图书馆孵化乡村文化的暖巢项目，如图书馆“三下乡”、流动图书馆进乡村、“农家书屋”工程、留守儿童阅读推广、架起进城务工人员创业“金桥”、活化利用非物质文化遗产，尝试通过上述项目的开发与实施，为乡村振兴添砖加瓦。第九章为本书的总结部分，主要尝试通过创新图书馆信息服务（如组建“互联网 +”服务队伍、建立图书馆信息服务平台、增加文献储备和资源收集等），助推乡村振兴。

目　录
Contents

第一章　乡村振兴战略进行时……001

第一节　乡村振兴战略的主要内容及基本特征……001
第二节　乡村振兴战略的科学实践及战略导向……007

第二章　图书馆文化助力乡村振兴理论研究……014

第一节　图书馆文化助力乡村振兴相关理论基础……014
第二节　文化精准服务与乡村文化振兴有效衔接……020
第三节　图书馆与乡村文化振兴的共建与共荣……022
第四节　图书馆开展乡村文化振兴活动的进展……029

第三章　孵化乡村文化的暖巢项目——图书馆“三下乡”活动……033

第一节　图书馆“三下乡”论题的相关阐述……033
第二节　图书馆科普下乡：运用科技带动乡村发展……037
第三节　图书馆文化下乡：延续乡村文化发展脉络……045
第四节　图书馆卫生下乡：提高农村卫生健康水平……049

第四章　孵化乡村文化的暖巢项目——乡村流动图书馆……055

第一节　流动图书馆的基础概论……055
第二节　乡村流动图书馆的建设模式……063
第三节　乡村流动图书馆的服务方式……071
第四节　乡村流动图书馆典型案例分析……083

第五章　孵化乡村文化的暖巢项目——“农家书屋”工程……087

第一节　“农家书屋”工程与乡村文化建设……087
第二节　以乡村图书馆为主要模式的农家书屋运行现状……094
第三节　乡村振兴战略为“农家书屋“工程建设创造新契机……096
第四节　借助乡村振兴战略推进农家书屋的数字化转型……101

第六章　孵化乡村文化的暖巢项目——留守儿童阅读推广……111
第一节　留守儿童阅读推广的研究基础……111
第二节　留守儿童的阅读环境及其现状……116
第三节　留守儿童阅读推广的经典案例及启示……125
第四节　图书馆做好留守儿童阅读实践路径……131
第七章　孵化乡村文化的暖巢项目——架起农民创业“金桥”……136
第一节　农民创业概念及其特点的分析……136
第二节　图书馆服务进城务工人员创业的主要内容……140
第三节　图书馆服务农民创业的原则与模式……146
第四节　图书馆服务进城务工人员的策略……153
第八章　孵化乡村文化的暖巢项目——活化利用非物质文化遗产……160
第一节　非物质文化遗产与图书馆内在联系……160
第二节　图书馆参与非物质文化遗产保护的社会职能辨析……164
第三节　图书馆参与非物质文化遗产保护的现状及优势……167
第四节　以非物质文化遗产数据库的搭建为乡村振兴添力……170
第九章　创新图书馆信息服务，助力乡村文化振兴……174
第一节　组建“互联网+”服务队伍，优化图书馆信息服务……174
第二节　建立图书馆信息服务平台，缩小城乡“数字鸿沟”……176
第三节　增加文献储备和资源收集，助推我国乡村振兴研究……180
第四节　立足创新内容及原则，优化图书馆信息服务模式……184
参考文献……190

第一章　乡村振兴战略进行时

我国有5000多年的悠久历史。乡村是中华民族传统文明的发源地，在经济社会发展中一直占有重要地位，乡村的富庶是盛世历史的重要标志。中国过去是一个典型的农业国，中国社会是一个乡土社会，中国文化的本质是乡土文化，故而，振兴乡村显得尤为重要。党的十九大明确提出，实施乡村振兴战略。推进乡村振兴战略，对于坚持新发展理念，解决新时代我国社会主要矛盾，建设社会主义现代化强国，实现中华民族伟大复兴中国梦具有十分重大的现实意义和深远的历史意义。

第一节　乡村振兴战略的主要内容及基本特征

一、乡村振兴战略的主要内容

（一）农业全面升级

作为国民经济的基础性产业，农业发展水平的提升不仅取决于农业生产力所创造的客观环境基础，也是居民需求结构升级所产生的结果。农业朝着产出高效、产品安全、资源节约、环境友好的目的发展，朝着国际竞争力的方向前进，是农业全面升级的基本要求。

土地是农业农村发展的源泉，乡村振兴战略进一步强调完善农村承包地“三权分置”制度。首先，集体所有权不变是农村土地制度改革的首要前提。改革开放确立的家庭联产承包责任制是适应我国社会主义初级阶段的基本国情、适应改革开放的时代背景、符合市场经济发展要求的农村土地经营方式，改革开放40多年的实践也深刻证明了其正确性。现今，虽然中国特色社会主义进入新时代，但我国仍处于社会主义初级阶段，改革开放、市场经济的总基调不会变，因此，农村土地所有权也不能改变。其次，农村土地制度改革要稳定农户承包权。农户的承包权始于家庭联产承包责任制的实施，在第二轮土地承包期即将到期的关键时刻，乡村振兴战略进一步强调土地承包关系稳定长久不变的总基调，并再次将承包期延长30年，保障了农民的土地权益，对稳定民心、确保国家粮食安全、促进农业全面升级奠定了良好基础。最后，农村土地制度改革要放活土地经营权。近年来，在土地规模化经营的推动以及农村集体产业发展的带动下，土地流转不断得以规范，效力增强。第三次全国农业普查主要数据公报统计，2016年全国农村土地流转率超过30%。此外，全国50亩以上农业经营大户超过398万户，土地流转效率获得较大提升，进一步活跃了农业的发展。因此，乡村振兴战略将放活土地经营权作为重要内容具有深刻的意义。此外，乡村振兴战略再次强调农村承包地“三权分置”完善问题具有一定的国际视野。世界农业最发达的美国虽然实行农村土地私有制，但国家通过立法和农业补贴等政策强力支持规模经营，发展多种形式的农业经营主体，加之完善的市场体系，美国人均粮食高达千斤并成为世界上最大的农产品出口国。由世界农业发展来看，规模化经营也成为不可逆转的大趋势，我国应持续加以完善。

农业全面升级以农业供给侧结构性改革作为发展主脉络。随着我国主要矛盾的转变以及居民消费结构不断地提升，农业供给侧结构性改革旨在提高农产品供给质量，满足市场需求，自提出以来，在全国陆续开展。例如，浙江安吉鲁家村的草莓种植将产品生产与采摘体验结合起来，每斤35元依旧畅销；河北省南和县骆驼木村建立了农业嘉年华，生产基地达十万平方米，进行蔬菜立体无土栽培，大棚种植鲜花，吸引了大量旅游、拍婚纱照的游客等，为农业现代化发展提供了经验。但现阶段我国农业供给侧结构性改革也存在很多问题，如适度规模经营的发展前提还不够完善，农产品质量偏低不适合农业产业的发展等。由此，乡村振兴战略进一步提出要将农业产业体系、生产体系、经营体系的发展作为重要支撑，将新型农业经营主体的培育、农村三大产业融合问题作为重点工作，从而促进农业供给侧结构的改革、促进农业全面升级。首先，农业供给侧结构性改革应和农业产业化发展结合。通过延长产业链对农产品进行生产、加工、销售等，提高农产品附加值，促进当地农民就业，增强农村经济发展水平；充分发掘当地自然资源、文化资源等发展旅游业、搞农家乐，利用网络、旅游等宣传当地特色农产品，实现农村一、二、三产业的融合发展。其次，农业供给侧结构性改革应充分体现绿色农业的理念。随着人们生活水平的提升，人们对于转基因食品，对农药化肥的抵触越来越强烈，农产品清洁绿色、高质量无公害显得更加重要，因此，农业供给侧结构改革应注重绿色农业的发展，提升农产品质量，这同党的十九大所倡导的人与自然和谐共生的生态思想一脉相承。

总之，乡村振兴战略以土地制度改革为前提，农业供给侧结构性改革为主线，贯穿绿色优质高效的理念，以推动农业全面升级，让农业成为有奔头的产业，让农业参与国际竞争的行列。

（二）农村全面进步

随着中国特色社会主义进入新时代，我国发展不平衡不充分的主要矛盾主要表现在城乡发展不平衡、农村发展不充分上。因此，乡村振兴战略站在美丽乡村建设的基础之上，要求农村政治经济文化生态社会全面进步，实现农村现代化。

城乡融合发展是乡村振兴战略对于城乡关系的新部署，城乡融合发展是城乡一体化关系的进一步发展，是结合党的十九大以来城乡发展状态所做出的新判断，要求城市、乡村相互取长补短，实现你中有我，我中有你的命运共同体。一方面表明我国农村经济实力不断增强、城乡差距进一步缩小的事实，在此基础上我国有条件、有能力实现城乡融合；另一方面，也为下一阶段的城乡工作提出了更高的要求，即将进行更艰巨的“三农”工作。首先，缩小城乡差距，实现城乡融合发展要继续坚持城市对乡村的支持作用，提高国家对农村的政策补贴，鼓励支持城市资源流向农村，建立更加完备的基础设施，更加完善的社会保障体系。其次，乡村内在动力的提升是城乡融合的关键。乡村振兴战略为农业现代化的发展提出了一系列要求，其中农业质量的提高和农业结构的优化以及农业产业的发展是农村经济发展的直接力量，农村一、二、三产业的深度融合过程也是农村精神文明创建的过程，农业的优质高效绿色发展也能够推动乡村生态环境的改善等，农村内生动力的增强将是支持城市发展的资本，也是充分利用城市流动资源的条件。

精准脱贫为增强乡村发展内生动力的实现创造了良好的条件。精准扶贫工作为实现农村贫困人口摆脱贫困，实现全面建成小康社会目标而提出，精准到户精准到人，扶贫同扶志、扶智相结合，精准扶贫自实施以来取得了突破性成就，也涌现出一批又一批经典的脱贫事例，如河北威县与蛋鸡企业德青源公司合作，建设现代化蛋鸡场，通过“金鸡帮扶”实现当地村民脱贫；湖南省湘西十八洞村充分结合当地少数民族文化特质，发展苗族织锦，乡村旅游开展农家乐，实现贫困户全部脱贫。2020 年 11 月 23 日，贵州省宣布最后 9 个深度贫困县退出贫困县序列，这不仅标志着贵州省 66 个贫困县实现整体脱贫，也标志着国务院扶贫办确定的全国 832 个贫困县全部脱贫摘帽，全国脱贫攻坚目标任务已经完成。

但这一阶段任务的完成并不代表结束，而是新一轮任务的开启。脱贫摘帽不是终点，而是新生活、新奋斗的起点。在脱贫攻坚战取得全面胜利后，贫困地区摆脱了长期制约发展的束缚，激发了无穷的拼搏活力。脱贫群众拥有了自主造血、创造财富的能力，树立起了积极奋斗、迈向美好生活的信心，将未来牢牢把握在自己的手里。

民族要复兴，乡村必振兴。未来我国要继续加强“三农”建设，实现巩固拓展脱贫攻坚成果同乡村振兴有效衔接、平稳过渡，全力推动农业农村现代化，实现城乡同步发展，走共同富裕道路。全面推进乡村振兴的深度、广度、难度都不亚于脱贫攻坚，我们要咬紧牙关不松劲，发扬攻坚克难精神，继续高举艰苦奋斗、顽强拼搏的大旗，发起轰轰烈烈的新时代乡村振兴建设热潮，擘画乡村振兴新图景，推动农业全面升级、农村全面进步、农民全面发展，从胜利走向新的胜利。

（三）农民全面发展

乡村振兴战略作为解决“三农”问题的新对策，其最终造福的对象是农民。农民作为农村的主人，也必然是乡村振兴战略实施的主体，与此同时，乡村振兴战略农业农村的现代化发展也需要具备现代化素质的农民，通过掌握先进的科学技术、管理方法等，为自身生活品质提升而奋斗，为乡村全面振兴而奋斗。

当下我国农村在取得一系列发展后仍有诸多不乐观，如大量农村年轻劳动力选择外出打工的问题依然较为严重，虽然近年来我国进城务工人口增长量有所下降，但 2020 年国家统计局发布的报告显示，我国进城务工人员人数达到 28652 万人，其中，进城务工人员 16959 万人，在进城务工人员中，年末留在城镇居住的进城务工人员 13101 万人，大量农民进城务工意味着农村年轻劳动力的稀缺，致力于乡村振兴战略的高素质农民较少，这也是我国“三农”问题进展较缓慢，农业农村现代化发展受阻的重要原因。

首先，乡村振兴战略为农民发展提供了充分条件。乡村振兴战略为农业农村的发展描绘了一幅崭新的画面，针对谁来发展农业、谁来繁荣农村的现实问题提出了方针、政策、措施。政府通过加大投入力度为乡村全面发展创造良好的经济政治环境，通过城乡融合发展体制机制的创建致力于城乡资源互通壁垒的打破，通过健全金融机制鼓励农民创新创业，因此，在政策的推动下，农业农村现代化将实现加速发展，农民将迎来广阔的发展天地。土地不再是农民的唯一寄托，进城务工也不再是农民增加收入的最佳选择，农业农村现代化发展背景下将产生承包商、农业经营大户、企业家、股东、工人、乡村导游等多重角色而供农民自由选择，现代农民不再具有传统农民的标签，而是乡村经济的建设者、乡村文明的传播者、乡村环境的保护者、乡村财富的持有者。

其次，农民的现代化也是推动乡村振兴战略实施的直接力量。乡村振兴战略贵在实施，新时期对乡村治理和农民素质提出了相关要求，认为两者是实现乡村全面振兴的关键。一方面，自治、法治、德治是乡村治理的最佳方式。“坚持党对一切工作的领导”，进行党的建设的伟大工程，乡村振兴战略作为国家长期坚持的战略指导必须坚持党的领导。加强农村基层基础工作就是要加强基层党员干部的建设，破除队伍变动性大、工作开展有难度、缺乏“三农”理论等的现状，增强基层党建，党员干部应主动向优秀县委书记、优秀党员干部学习，加强自身素质，贴近农民生活，既然下得去，就要留着住、干得好，带领广大农民团结一心、凝聚合力，形成农村自治、法治、德治的良好治理体系。另一方面，“一懂两爱”（懂农业、爱农村、爱农民）是国家对“三农”工作队伍的基本要求。“三农”工作队伍从农民中来，也要到农民中去。“三农”是要农民成为现代农业的发展者；“爱农村”是要爱护农村的生态环境，守护农村的精神文化；“爱农民”是要增进和农民的情感，成为农民中的一员，增进认同。因此，农村基层领导好，带领农民全面发展，才能实现乡村政治经济文化社会生态全面振兴。

总之，乡村振兴战略的实施关键在人，人才振兴是乡村振兴战略的基础，因此，没有农民的全面发展就没有乡村的全面振兴。

二、乡村振兴战略的基本特征

乡村振兴作为一项关系到中国农业农村发展前景与国民经济发展方向的重要战略，实施乡村振兴战略具有系统性、长期性、融合性、差异性等特性。

（一）实施乡村振兴战略具有系统性

乡村振兴战略是对乡村全面发展和城乡关系重构提出的总体规划，是农业农村发展全领域的总体部署以及中国特色社会主义现代化经济体系的重要战略，在战略目标、战略内容和战略实施主体等方面都有着明显的系统性。乡村振兴战略是多元目标的系统集成，不但要实现农业农村的经济发展、社会进步，还要实现乡村产业之间、经济和环境之间、生产和生活之间的融合，还包括城镇化、工业化发展目标和农业农村现代化发展目标的系统融合；乡村振兴战略不光是现代农业发展、新农村建设等内容，还是农村经济、社会、文化、生态等多个领域发展内容的系统集成。乡村振兴战略的实施主体不但是政府与农民，还包括城市资本、金融、农业企业、外来业主、返乡人员、集体经济组织、专业合作组织等多元实施主体，要求这些主体在利益关系上实现有机地整合。

（二）实施乡村振兴战略具有长期性

乡村振兴战略是我国社会主义现代化建设战略安排的有机组成部分，不仅是在决胜全面建成小康社会阶段、只存在于几年时间段才有效实施的战略，更是贯穿于基本实现社会主义现代化进而建成社会主义现代化强国战略目标的整个过程。所以，实施乡村振兴战略具有长期目标、中期目标、近期目标，实施乡村振兴战略要秉持长远的发展理念，避免急功近利、揠苗助长的短期化行为，要有步骤、有次序地推进，避免以短期项目建设的思路实施乡村振兴战略。

（三）实施乡村振兴战略具有融合性

乡村振兴战略不是就农村谈农村、就农业谈农业，而是城市与乡村、农业与非农业、农民与工商资本实现一同发展的战略，有着比较强的融合性特征，既包含城乡规划布局、产业发展、基础设施、公共服务、生态环境等领域发展的融合，又包含政府、农民、各类新型经营主体、社会组织等乡村振兴主体，市场机制与政府动力，本地居民与外地居民之间、农民与农民之间、农民与集体经济组织之间、农民与各类新型经营主体之间利益联结关系的融合。

（四）实施乡村振兴战略具有差异性

在我国沿海与内地、平原与山区、城市近郊与远郊之间均有着比较大的差距，我国地方发展不均衡、农业农村发展基础差距比较大的客观事实，决定了乡村振兴战略没有统一模板，需要按照不同地方发展阶段、区位条件、要素禀赋等，针对不同类型、不同地区、不同村庄的特点，科学部署符合地区实际的乡村振兴战略规划，探索形成各具特色的乡村振兴道路。

第二节　乡村振兴战略的科学实践及战略导向

一、乡村振兴战略的科学实践

乡村振兴战略提出以来，各个地区都开始注重乡村改革并取得了一定的成效。但同时也存在着需要解决的问题。从目前的国情来看，我国现阶段还处于社会主义初级阶段，乡村振兴仍然受到经济和环境等多方面因素的影响；不少地区农村缺乏产业的支撑，产业单一化和空壳化；农村中青年知识分子走向大城市，具有创造和创新能力的优秀人才不断流失；农村发展过程中缺乏内生动力导致文化发展滞后；农村生态环境存在着问题；等等。

实现乡村振兴是一个长久的过程，我们将面临很多艰难险阻。当今各国农业领域的竞争十分激烈，国外一些国家的农业保护政策和农产品的竞争优势对我国的农业发展造成很大困扰。从农村发展来看，乡村现阶段发展的不平衡不充分性尤为突出。现在的世情、国情、农情制约着乡村振兴战略的实施不能一蹴而就。我们要有坚持发展战略的决心，始终保持清醒的头脑，按照乡村振兴战略规划要求，优先发展农业和农村，坚持农民的主体地位不动摇，实现乡村的全面振兴，坚持城乡协调发展，坚持人与自然和谐相处，以因地制宜、循序渐进作为工作的基本原则，做到合理规划建设、注重质量建设。下面分别从经济、文化、生态及乡村治理等方面进行叙述如何推进乡村振兴。

（一）推动乡村产业发展

乡村振兴战略明确提出“产业兴旺、生态宜居、乡风文明、治理有效、生活富裕”20字的总要求，这是我国新时期“三农”工作的总纲领。其中乡村产业是乡村振兴战略实施的基础，“产业兴旺”是振兴乡村的重点，是农民实现增收、农业得到发展和农村逐步繁荣的基础。我国乡村振兴的关键就是要产业振兴，乡村只有经济发展了，农民生活才会富裕，乡村才能繁荣；只有乡村产业兴旺，才能吸引外来投资者来乡村进行投资，才能吸引更多人才到乡村工作，才能促进乡村经济的发展。如果乡村没有产业来支撑，那么乡村振兴就会是空中楼阁。虽然各地都比较重视乡村产业的发展，但是在认识思路上还存在一些偏差。因此，要实现中国乡村的振兴就必须从乡村产业入手，按照乡村发展的原则和规律对乡村产业进行合理的规划。

我国重视对乡村产业的发展，但是农村产业在发展过程中，一些同志在乡村产业的认识思路和实践工作中存在着认识或理解上的误区，把产业兴旺简单地理解为发展农业现代化，或片面地理解为发展乡村旅游业，对乡村的产业发展缺乏一个全面系统的理解。对此，我们要科学地理解产业兴旺的内涵。把握好乡村产业发展的以下要点。

第一，产业兴旺内涵丰富，乡村要实施产业兴旺，既要着力发展第一产业，又不能仅限于发展第一产业，还应大力促进第二、三产业的发展，在发展现代种植和养殖业的同时，还要大力拓展农业的多重功能，大力发展农产品加工业、乡村旅游业、电子商务等新产业新业态，延伸产业链、提升价值链，推动农村创业创新和一、二、三产业融合发展。

第二，坚持因地制宜，发展乡村产业，必须从乡村实际情况出发，来选择和培育产业发展的方向。项目的选择尤为重要，它直接关系到我国乡村的振兴，良好的项目是农村产业发展的有效载体，它能有效地培植产业，加快农村产业的发展。因此，我们必须高度重视农业产业化项目建设，乡村要抓紧机遇，根据国家和地区的产业政策和市场的走向，立足于自身资源和发展特点，找到适合自己发展的项目，推动农村产业的兴盛，进而实现乡村振兴。我国已经有很多这样的案例，那些乡村的成功，主要就是做到了因地制宜，积极发展了适合自己的产业，培育了新产业。例如，河北省迁安市针对当地的资源优势，因地制宜推广苹果、桃、樱桃等果树种植，发展果品产业，推进乡村振兴。

第三，做好规划建设。产业兴旺必须以科学规划为指导。分析乡村的发展特点和资源优势，制订科学的产业发展目标和行动计划。目前，一些乡村产业发展带有较大的盲目性，缺乏对市场的深入调查研究。乡村产业发展规划必须与生态环境保护规划、城乡建设规划、土地资源规划相融合，不能各自孤立，否则很难进行合理的规划。此外，产业发展规划好之后，不能有急于求成的思想，更不能有半途而废的思想，任何产业的发展都不是一蹴而就的，都需要一个较长的发展期。

第四，坚持基层党组织的引领作用。基层党组织是产业兴旺各项政策的实施者。产业兴旺的实现有赖于基层党的建设，在实践过程中，要做好党的基层组织建设，来促进乡村产业兴旺。乡村要想发展必须依靠人才；但是乡村很难吸引人才，这就要求我们必须推动产业兴旺，首先要做好党建来引领产业发展，必须切实选好推进乡村发展的“当家人”，对于有些懒政怠政、能力差的基层领导该换就换，这样才能充分发挥班子成员的积极性和创造性，才能带动乡村产业兴旺，才能改善乡村就业问题，吸引更多的人参与乡村振兴事业。

（二）丰富乡村文化生活

我们常说，文化是一种软实力，这种软实力能够体现一个国家的凝聚力和感召力。乡村文化是农村的发展动力，无论是古朴原始的优秀乡村文化还是具有时代特征的优秀现代文化，它们都积聚着一股向上、奋进的力量。这种力量为农村发展带来了生机和活力，更为乡村振兴战略提供源源不绝的精神动力，激励着广大的农村群众朝着目标阔步迈进。

中国几千年的传统文化基因决定了当今乡风的内质，传统文化有其精华也有其糟粕。目前存在以下几方面问题：一些地方对乡村文化建设缺少科学规划；农民的文化生活贫乏，文化形式过于单一、内容陈旧；软文化建设投资不足、文化人才队伍匮乏等问题。要解决这些问题，必须转变思想，积极行动，做到认识上有高度，行动上有保障。

乡村文化是精神文明建设的组成部分，对农村群众精神生活和追求有着引导的作用。在生产力和科学技术日益进步的今天，如何使农村群众用科学的思想武装自己、教育下一代，摒弃愚昧和迷信的落后思想是十分重要的。如何使农村群众清醒地认识到导致贫穷落后的根源和改变这种落后的途径，是实现乡村振兴的前提。

第一，要深化农村精神文明建设。深入开展中国特色社会主义和中国梦宣传教育，提升农民的思想道德水平，践行社会主义核心价值观。巩固农村思想文化阵地，推动基层党组织、基层单位和农村社区建设，加强农村群众的思想政治教育工作。加强对农村社会热点和难点问题的解读，合理引导社会发展的方向。通过送文化下乡、乡镇文艺会演等宣传平台，激发乡村文化建设活力，丰富群众性文化活动；广泛宣传道德模范、优秀基层干部、身边好人好事等事迹。

第二，培养农民健康向上的文化爱好和兴趣。加强乡村文化的基础设施建设。完善农家书屋和图书阅览室管理运行，配置电子阅览设备，打造文化服务站，丰富农民的文化生活，配备体育活动的器材设施，打造属于农村居民文化活动的阵地。充分利用农闲时间，经常开展一些群众性文化体育和娱乐活动，鼓励农民积极投身于文化体育活动中，从而培育文化爱好、锻炼文化自信、形成文化自觉。

第三，坚持以乡村文化振兴为重点，加大对乡村文化的投入和乡村文化基础设施建设。要发挥政府主导统一规划、政策与资金支持、市场经济宏观运作、统一管理规范文化市场，打造“大文化圈、完善基础设施、大旅游格局”的模式。有效推进城市发展与文化充实、基础建设有机融合，发挥人文互动、优势互补、效益优先功能。乡村文化振兴，不仅要体现深厚的乡村文化传统，而且要体现当地的特色，积极打造地域性文化品牌特色，吸引广大文化爱好者。乡村文化具有很强的生命力，如果政府能够扩大创作投入，培育起乡村文化消费市场，这不仅对活跃乡村文化有好处，同时也对扩大乡村文化市场、发展农村经济具有极大的好处。

第四，培育乡村文化人才队伍建设。加大对乡村文化队伍的投入和培育，广大农村要配备专职的文化干部，培养一批乡村文化带头人和文化活动的组织者，不断推进乡村文化管理部门的机构改革，设置各类文化宣传机构，强化队伍建设，提高人员待遇，加大乡村文化人才的培训力度，使之成为“多专多能”的多面手；充分发挥文化站职能，组织文化专业人才、文化能人、民间艺人对乡村文化团队、文化骨干进行培训辅导，提高其专业技能；对文化服务人员进行培训，进一步提高基层文化服务人员的文化素质和专业水平。

（三）改善乡村生态环境

农村生态环境建设是推进乡村振兴战略的重要内容。近年来，各地贯彻新发展理念，生态环境建设取得了历史性成就，但是，由于受经济条件和传统观念的影响，农村地区的生态环境问题仍然存在。

1.防治工业污染

近几年来，我国工业发展迅速，同时，也给我国带来了环境上的问题，工业污染对工农业建设和人民健康危害极大，工业生产中排放的有害废物，会破坏农业的生态平衡和自然资源，对农业生产的发展有极大的危害，还直接影响着人们的身体健康，这些危害要求我们必须重视工业污染的防治工作。杜绝“三高”（高污染、高能耗、高排放）项目在农村建设投产，杜绝工业污染从城市转向农村。

一是要加强对农村企业的监督和管理。把好环境准入门槛，严格控制企业污染物的排放，新建项目必须有配套的环保治理设施。二是加强工业污染企业整治力度，强制淘汰一批没有达到环保要求的“五小”（小煤矿、小炼油、小水泥、小玻璃、小火电）企业，积极引进先进治理技术，做到节能减排。三是建立工业园区，将零散在外的中小企业向园区转移，同时要加快园区集中式垃圾处理和污水排放治理设施建设，实现保护环境的目标。

2.建设生态村镇

我们要依托各地自然环境和地域特点，坚持开发与保护相结合，着力打造生态保护区、湿地保护区、风景区等。按照水乡园林、宜居宜业、文明优美的要求，建设各具特色的生态型村镇。同时，还应加大环境执法力度，严格制止私排乱放、秸秆焚烧等现象。积极创建生态型村镇，带动乡村走经济、社会、生态的可持续发展道路，促进生态村镇建设。

（四）完善乡村治理

1.构建城乡合理布局

我国现在乡村发展模式主要是以构建大中小城市和小城镇的协调发展模式为主，增强城市带动农村的能力。根据乡镇的发展现状，进行产业发展格局的合理规划、加强基础设施建设、进行资源能源合理利用、促进公共服务体系建设和加强生态环境保护，形成合理主体布局建设。实事求是，具体问题具体分析，结合当地情况，发展具有特色的城市一体化，建设富有特色的新农村，促进特色乡镇的发展，推动农村和城镇联合发展，做到与城市发展更好地融合，形成一种农村和现代城镇各具特色、相互补充发展的城乡发展形态。所以，我们要合理安排城乡发展布局、提高资源利用率、提高村庄治理能力，全面推进乡村布局的规划和管理。

2.完善乡村振兴的政策法规

一方面，完善城乡融合发展政策体系。在城市发展与乡村发展的过程中，应时刻坚持统一发展趋势，保证城市发展起到的经济带动作用能够有效地刺激乡村振兴，从而令城市与乡村保证良好关系的同时改善乡村的发展环境。

另一方面，推进自治、法治、德治相结合，坚持以自治为核心、法治为保障、德治为支撑，完善和创新村民自治机制，强化法治地位，用德治发展培养法治和自治，让德治贯穿在乡村治理的全过程。村民应当加强自治理念，加强建设乡村自治组织。推进乡村的法治建设，深入开展“法进农村”的教育活动，逐步提高干部群众的法律素养，把政府各项农业工作纳入法治体系。提高乡村的德治水平，按照时代要求进行创新，强化道德作用，引导农民做到善、孝、信、勤。

二、乡村振兴的战略导向

实施乡村振兴战略，科学理解推进乡村振兴的战略导向至关重要。主要体现为坚持高质量发展、农业农村优先发展、城乡融合发展等。坚持高质量发展体现为顺应社会主要矛盾的变化，突出抓重点、补短板、强弱项的要求；体现为贯彻新发展理念，突出以推进供给侧结构性改革为主线的方向；体现为协调处理实施乡村振兴战略与推进新型城镇化的关系，促进二者相得益彰；体现为科学处理实施乡村振兴战略与推进农业农村政策转型的关系，做好坚持农业农村优先发展、加快推进农业农村现代化的大文章；体现为增进广大农民的获得感、幸福感、安全感，让农民在参与乡村振兴并公平公正分享其成果的同时，增强参与乡村振兴的能力。

坚持农业农村优先发展，要高度重视“三农”问题是关系国计民生的根本性问题，按照必须始终把解决好“三农”问题作为全党工作重中之重的要求，推进“三农”乃至经济社会发展的政策转型。要注意以完善产权制度和要素市场化配置为重点，优先加快推进农业农村市场化改革。加快创新相关法律法规和监管规制，优先支持优化农业农村发展环境。

当前城乡之间日益呈现“你中有我，我中有你”的发展格局。建立健全城乡融合发展的体制机制和政策体系，属于促进城乡发展一体化的重要内容，但站位更高、内涵更丰富、政策指向更鲜明，要求通过深化体制机制改革和政策创新，重塑工农互促、城乡互补、全面融合、共同繁荣的新型工农城乡关系。坚持走城乡融合发展道路，要注意同以城市群为主体构建大中小城市和小城镇协调发展的城镇格局衔接起来；积极发挥国家规划对乡村振兴的战略导向作用和对城乡融合发展的引领作用；完善农民和农业转移人口参与发展、培训提能机制，要高度重视进城进城务工人员融入城市问题。加强对农村一、二、三产业融合发展的政策支持，积极培育产业融合发展带动城乡融合发展新格局。

第二章 图书馆文化助力乡村振兴理论研究

第一节 图书馆文化助力乡村振兴相关理论基础

一、图书馆文化的产生和概念

（一）图书馆文化的产生

图书馆文化在图书馆事业中具有巨大作用。图书馆虽然不是经济实体，没有立竿见影的经济效益作为衡量标准，但它是文化实体。图书馆文化与企业文化在管理对象——人、研究核心——群体精神、奋斗目标——发展自身实体等方面有诸多相同之处。因此，吸收和借鉴企业文化的成功经验，有益于推动图书馆文化和图书馆事业的发展。

图书馆源于文化，惠及文化，在发展过程中又形成了自己的文化。图书馆文化是伴随着图书馆的历史存在的，是图书馆在长期社会实践中逐渐形成和建立的有着自身特点的文化观念。图书馆文化犹如图书馆的灵魂，但它作为一种理论是最近几年才提出的，是作为一种组织文化提出的，是作为一种管理理论提出的。图书馆文化这一理论的提出对于图书馆文化的建设起到了极大的促进作用。

随着时代的发展，图书馆文化的价值追求也在不断完善更新。主要体现在以下六点：

一是尊重作为主体的人，即图书馆全体管理人员；二是注重培养全体管理人员的图书馆精神、价值观和道德意识；三是注重环境氛围，培养团队精神；四是领导与管理人员共命运，重视管理人员的参与性；五是开发人的潜能，最大限度地利用现有人力资源，使人力资源达到最优组合；六是培养高素质的图书馆管理人员，从而达到提高服务水平的目的。

21世纪，图书馆所面临的竞争不仅是科技、信息方面的竞争，更是图书馆文化的竞争。因此，建立新的图书馆文化是时代的呼唤。各图书馆在进行管理时，注重图书馆文化的建设，一定会收到意想不到的效果。图书馆人只有正确认识图书馆文化，自觉地加强图书馆文化建设，从建设先进文化的角度理解和对待图书馆工作，才能推动图书馆事业健康有序向前发展。

（二）图书馆文化的概念

目前，我国学者对于图书馆文化有代表性的观点主要有“意识形态说”和“综合说”。意识形态说的观点认为，图书馆文化是建立在图书馆实践基础上、随着图书馆的不断发展而逐步形成的，属于意识形态领域，具有非物质的特征。这种从意识领域来涵盖图书馆文化，对于提高图书馆的管理水平，发挥图书馆人的主观能动性，推动图书馆事业的发展起到了积极的作用。综合说的观点认为，图书馆文化是图书馆在长期的历史发展过程中逐渐形成的，受一定历史阶段的社会政治、经济、文化等因素的影响，是图书馆人创造的物质成果和精神成果的总和。

本书认为，两种观点都是对图书馆文化的正确理解，但意识形态的图书馆文化仅从意识形态去理解图书馆文化，属狭义的图书馆文化范畴，即图书馆的精神文化。而综合说则是从广义上去理解图书馆文化。所以，就体现图书馆文化完整性、全面性的表述而言，本书更倾向于后者。因此，我们认为图书馆文化是指图书馆在长期社会实践过程中所创造的物质文化和精神文化的总和。这里要强调的是精神文化是图书馆文化的核心内容。

二、图书馆文化的内涵和功能

（一）图书馆文化的内涵

由于文化具有广义和狭义之分，而两者的差别又极其巨大，所以在研究图书馆文化时，一定要具体到图书馆哪一方面的文化内容，否则会出现很多概念上的混淆和研究对象的偏差。文化可以大体分为物质、精神、制度三个大方面。以此为依据，可以将图书馆文化分为图书馆物质文化、图书馆精神文化、图书馆制度文化。然而，这三种不同形式的文化彼此之间错综复杂的联系又决定了三种文化形式很难独立存在。例如，图书馆物质文化所指的就是整个图书馆的硬件设施，如场馆、图书、展牌等。这些都属于物质文化中的产品和工具文化。然而，如果这些物质文化不能展现出图书馆精神文化的内涵，就不能够称为图书馆物质文化，而只能称为这个时代的文化产物。精神文化指的是在图书馆的运作过程中，读者与图书馆馆员在图书馆这个小环境中所感受到的氛围、感悟及所形成的品德与规范。例如，读者在图书馆保持安静就是在图书馆这个环境下所养成的一种自觉行为，这就是最简单的图书馆精神文化中的规范文化。可是图书馆精神文化又需要以整个图书馆为依托，没有图书馆，也就不会有图书馆文化。从图书馆精神文化的形成考虑，图书馆最开始所带给人们的感受是图书馆精神文化的基础。而制度文化，相对于物质和精神文化而言，又比较特殊。如果说物质文化和精神文化可以随着时间的推移慢慢自发地形成，那么制度文化则是人为的，带有某种目的的，在一定的范围内所宣扬的精神文化。也就是说，制度文化可以被视为一种特殊的精神文化。制度文化关系到组织团体的发展好坏。日常所能听到的最多的关于制度文化的内容就是在公司培训时管理人员所讲的“企业文化”以及宗教中的一些教规、教义。可以发现，这些文化是由一部分人强行“创造”出的一种精神文化。这种文化不管是否符合道德规范，其文化的内容肯定是有利于该组织团体发展的，是为了让这个组织团体里的其他人自愿为组织付出，从而达到发起人的某种目的。也就是说，所谓制度文化，就是在特定的组织团体中所倡导的精神文化。图书馆作为一个大型的非营利性组织，其制度文化中，主要应灌输的精神就是“服务”二字。如何更好地满足读者的需求，就是图书馆制度文化中的主要方向。如何让图书馆的工作人员意识到这一目标，就是图书馆制度文化的主要内容。综上，只有融入了以上三个方面的图书馆文化才是完整的图书馆文化，三者是缺一不可、互相依存的。

（二）图书馆文化的功能

文化具有多种功能，大至治国平天下，小至修身养性等。良好的图书馆文化应具有凝聚功能、激励功能、导向功能、辐射功能等多种功能。

1. 凝聚功能

图书馆要实现自己的管理目标必须具有凝聚力，即对图书馆员工的吸引力和组织力。图书馆文化是产生图书馆凝聚力的源泉，图书馆文化所产生的凝聚力，犹如一个强大的磁场，把员工的力量和智慧凝聚成一股合力。成熟的图书馆文化，对图书馆的全体成员具有很大的凝聚功能，从而把各方面的积极因素调动起来，把各种力量凝聚起来，齐心协力实现共同的目标，使个人的行为、思想、感情与图书馆整体统一起来，朝一个共同的目标进发，产生 1+1>2 的效果，充分发挥图书馆的整体效能。[①] 可以说，图书馆文化越发达，图书馆个体的归属感便越强烈，从而图书馆的吸引力、影响力和凝聚力也就越强大。

2. 激励功能

激励功能是通过外部刺激，使员工产生一种情绪高昂、奋发向上的效应。任何事业的成功，人才是关键。科学研究表明，人的 50%~60% 的潜能要靠激励来发挥。以人为本、以文化为手段的图书馆文化，具有激发人的潜能的功能。健全的图书馆文化就是一种无形的精神动力，对图书馆整体及图书馆员工个体都起着重要的激励作用。它使图书馆全体成员在密切配合的同时，最大限度地发挥个人的潜力，充分调动其积极性、创造性，全面实现个人的潜能，并以高度的事业心和责任感做好本职工作。

3. 导向功能

图书馆文化的导向功能是指图书馆文化对员工行为的导向作用。图书馆文化建设就是创造一种充满热情、和谐融洽、催人奋进的环境气氛，引导图书馆员工群体将个人理想与图书馆总体目标统一起来，形成合力。这种导向作用具体表现在两个方面。一是对图书馆整体的价值取向和行为方式起导向作用。成熟的图书馆文化对整个图书馆的健康发展可以起到导向作用。二是对个体的价值取向和行为取向起引导作用。强有力的图书馆文化犹如航海中的指南针，它对图书馆员工个体心理、性格、思想、行为起积极引导作用，使其在潜移默化中接受图书馆共同价值观念，自觉地把图书馆的目标作为自己追求的目标。

---

① 周迎杰．论图书馆文化的内涵及功能 [J]. 娄底师专学报，2002（2）：106-107.

4.辐射功能

辐射功能是指图书馆精神、形象、道德规范等通过图书馆人员的仪表、言行、图书馆工作环境等影响读者，影响社会。因此，图书馆文化一旦形成较为固定的模式，它不仅在图书馆内部，对图书馆成员产生影响，而且会通过各种渠道对社会产生影响。良好的图书馆文化有助于图书馆在公众中树立良好的社会形象，吸引读者，更好地发挥图书馆社会效益和经济效益；有利于图书馆广纳人才，增强发展的实力；有利于取得社会公众理解、支持和帮助，促进图书馆的发展。所以，图书馆及其员工是否具有好的精神风貌、人文素养、心理状态、知识结构、服务质量对整个社会都有较大的影响。

三、图书馆参与乡村文化振兴的理论依据

图书馆参与乡村文化振兴的理论依据，首先要对乡村文化进行一个清晰的定义，搞清乡村文化的范畴。查阅现有研究资料，国内多数学者认为乡村文化是指乡村居民在长期农业生产与乡村生活的过程中创造出来的一切物质和精神财富的总和。乡村文化有隐性、显性两种表现形式，隐性形式包括宗教信仰、审美意识、道德观念、宗族传统等，显性形式包括生产方式、建筑风格、穿戴服饰、饮食特点、礼俗行为、文艺演出、节庆活动等。这些乡村文化的界定，都凸显了两个关键词——农民和农村。农民是乡村文化的创造主体，农村是乡村文化生成和发展的场域。乡村文化是乡村社会的土壤。乡村文化的功能与城市文化有很大的不同，它具有传承生产与生活方式、产生村民共同体凝聚力、形成对地方的心理归属与感情依赖等多种功能。乡村文化的引导功能是很强大的，乡村文化中蕴含的崇德重义、诚实守信、敬老爱幼、以礼待人、和睦相处、勤俭节约的价值观念与生活风尚，是中华民族传统美德的基本底色。

乡村文化可以说是乡村的灵魂，乡村文化要根植在一定的载体上。农民个体、民居建筑、公共空间（学校、图书馆、礼堂、宣传栏等）、社会活动（演出、比赛等），都是乡村文化的载体，乡村文化建设也是文化主体——农民和这些其他文化载体的相互作用的过程。乡村图书馆作为乡村公共空间，它与一般文化载体不同，既是保持乡村文化的容器，也是孵化乡村文化的暖巢。乡村图书馆具有保存乡村记忆、传播人类知识、培养地方认同感的基本功能，同时还是实施社会教育的第二课堂，交换信息意见的公共空间，

从事休闲娱乐的文化场所。一个美好的乡村图书馆建起来了，可以带动整个乡村的精神面貌发生改变。而且乡村图书馆发展得好了，其公共物品的外部效应也是很大的，如带给农民新的经济信息与生产知识，提高农民的致富能力。20 世纪 90 年代，江苏省宜兴市南潜乡农民中流传着这样的顺口溜："家养一只兔，不愁油盐醋；家养十只兔，就有鞋袜裤；如果想致富，就到乡图书馆里落个户。"2009 年，浙江省开化县桐村镇黄石村科技图书室藏书万余册，曾被当地村民称为"农民致富加油站"。

乡村文化面临危机之时，乡村图书馆建设是乡村社会发展迫切需要的。乡村文化的危机来源于以下几个方面。一是乡村文化主体的流失。例如，经过自我奋斗离乡者，有了成就不回乡村，甚至退休也不愿意返乡，致使乡村新乡贤阶层难以形成。工业化和城镇化进程吸引大批农村青壮年进城务工，造成青壮年乡村文化活动主体缺失，乡村文化生态失衡，公共文化活动失去动力。二是城市文化对乡村文化的挤压。在大众传媒对城市文化的关注以及城市消费主义的影响下，农民极易产生文化被剥夺感，乡村文明和乡村治理秩序也受到严重冲击。三是文化建设方式的不足。一些地方政府作为乡村文化建设的主导者，长期对乡村文化建设采取"格式化"管理，忽略受众区域及个体差异，农民难以从政府提供的文化服务中获益，也就缺乏主动参与建设的积极性。此时，乡村图书馆的建设就显得十分必要。它的出现有助于乡村文化主体的重建与乡村文化自觉意识的修复。人需要精神寄托，需要有心灵家园安顿自己的内心。把图书馆建在大自然与人密切联系的、从小就熟悉的乡村，它最有可能成为寄托离乡外出者心灵与乡愁的载体。

换一个角度，即使不从乡村文化建设，而从图书馆事业发展的角度来看，乡村图书馆也是图书馆事业发展的优先级。李钟履早在 1931 年就论述过：要改变一国家，先改变一国民！而国民之改造，农民更为急迫，因为其人口众多，素质有待提高。因此，他倡导要大力发展乡村图书馆，以提升农民文化素养。他提出农民需要图书馆较之市民尤甚："良以城市中之图书馆，犹如锦上添花；而乡村间之图书馆，实似雪中送炭。锦上无花，仍不失其绮丽；而雪中无炭，则冻馁随之矣。"[①] 长期以来，受城乡二元结构的影响，我

① 王余光，汪琴．中国阅读通史 理论卷 [M]．合肥：安徽教育出版社，2017：150.

国图书馆事业的发展重心主要在城市，县级图书馆则是“透明群体”，而乡村图书馆更是被边缘化。

第二节　文化精准服务与乡村文化振兴有效衔接

一、文化精准服务与乡村文化振兴的有效衔接

（一）政策背景

精准服务的基本含义是“因地制宜”。文化精准服务是从文化层面为乡村地区提供“因地制宜”的帮助，可以说，图书馆在精准服务理念的指导下，取得了较大发展。因此，在乡村文化振兴工作中，应延续精准服务理念，继续加强智力开发，不断提高村民科学文化素质。不断创新精准服务实践，结合当前局势和利用自身优势，开拓一条有活力的乡村文化振兴之路。

（二）文化精准服务的内容

图书馆文化精准服务的基础是图书馆的资源。图书馆拥有相对丰富的纸质文献资源、数字信息资源、文化服务平台以及志愿者资源等。图书馆借助自身资源，在乡村地区构建公共文化服务体系，可以满足群众精神文化需求。图书馆文化精准服务的重点，一方面是通过开展针对性的文化服务项目，增强农民的致富信心，提高农民文化素养，从根本上提升其内生动力。另一方面通过多种渠道为乡村地区搭建生产与销售平台、学习平台，让农民通过手机、电视等自媒体就能了解到国家最新政策、当前经济发展动态等。图书馆文化精准服务的难点在于“精准”。造成文化发展滞后的原因多种多样，比较复杂，普适化的服务难以做到精准。

二、思维拓展

图书馆文化服务的目的是提升群众的科学文化素养，促进人的发展。在我国社会发展战略由“精准扶贫”向“乡村振兴”转移的过程中，图书馆为基层服务的重心也需要由“文化精准扶贫”向“乡村文化振兴”转变。这需要一个衔接过渡的过程，更需要拓展性思维和新的工作目标定位。

（一）共享思维——向经典案例学习

各级公共图书馆在文化精准服务的过程中都积累了丰富的经验，并且在实践中创造了很多有成效、有特色、接地气的图书馆基层文化服务经典案例。各级公共图书馆在服务“乡村文化振兴”的实践中，应该树立共享性思维，善于从丰富的案例中汲取营养；应该主动加强不同地域图书馆之间的交流，共享他人经验，启发创新发展思路。“共享思维”能够让图书馆对资源及服务保持开放的态度，让图书馆服务在乡村文化振兴的实践中呈现无限生机。

（二）逆推思维——构建目标平台

逆推思维也称结果导向思维，即先假定一个目标，根据逆向推理的方式，对每一项工作从宏观把控到任务分解的思维过程。有些文化服务案例只是开展文化救济收到短期效应，并没有对“造血”问题引起足够重视，只重“业绩”，忽视实际效果。逆推思维要求做好乡村文化振兴的顶层设计，对实现目标过程中涉及的各类人、事、物以及各项工作、各个节点、各有关因素以及完成时限等都通盘考虑，制订方案，细化流程，明确完成时限，责任到人，落实到事，执行到细节，确定按时完成任务。各级公共图书馆要积极搭建乡村文化服务平台，让更多的乡村群众享受到均等、便捷、高效的文化信息服务。

（三）导向思维——深化需求侧结构性改革

需求侧结构性改革由供给侧结构性改革衍生而来，旨在从需求出发来实现供给、需求结构性优化。有需求的地方一定存在矛盾，想要解决矛盾就要抓住问题所在。各级公共图书馆要继续深化需求侧结构性改革，找准需求侧，对接供给侧，探索出一条具有理论支撑和经得起实践检验的乡村文化振兴之路。

三、实践拓展

乡村文化振兴是乡村振兴战略布局中的重要一环，各级公共图书馆为乡村文化振兴服务应立足于乡村文化发展的基础，总结经验，看清现实矛盾与问题，立足新发展阶段，明辨发展目标和方向，做到历史、现实与未来之间的有机衔接和融会贯通，全面贯彻新发展理念，积极开创乡村文化发展的新格局。

近年来，文旅融合已成为新时代我国经济社会发展的趋势，在“以文促旅、以旅彰文、以文塑旅”发展理念的指导下，全国各地涌现出一大批文旅融合的典型案例、典型服务、典型产品，有效促进了地方经济社会发展。图书馆是社会文化传播和教育机构，集聚着大量优秀传统文化、革命文化和先进文化信息资源，在文旅融合的大背景下，利用好图书馆丰富的文化资源，进一步深化文旅融合，促进乡村社会全面发展，这是时代赋予图书馆人的责任与使命。例如，图书馆收藏的地方志中记载的区域风土人情等综合性信息资源，对于发展旅游业有较高的参考价值，图书馆将地方志与地方旅游业相结合，不仅可以打造地方旅游文化，开创更多的旅游项目，探寻文化旅游融合新方向，谱写文化旅游发展新篇章，而且可以拉动乡村地区就业需求，带动乡村经济社会发展的转型升级。

文化精准服务是乡村文化振兴的基石，乡村文化振兴为乡村社会文明发展指明了方向。图书馆在繁荣乡村文化事业、推动乡村文化产业发展、助力乡村振兴方面责任重大，使命光荣，大有可为。

第三节　图书馆与乡村文化振兴的共建与共荣

一、图书馆与乡村文化振兴的内在契合

（一）图书馆的功能和乡村振兴战略的总要求存在契合

图书馆是知识中心，也是民众知识、文化、信息需求的第一求助对象，具有诸多功能。国际图联（IFLA）早在1975年就提出，图书馆具有保存人类文化遗产、开展社会教育、传递科学信息、开发智力资源等四大主要功能。而且，结合社会公众的具体需求来看，图书馆还发挥着满足公众的教育需求、信息需求、研究需求、文化需求、交往需求等功能。此外，从更为普遍的意义上看，图书馆具有社区记忆、信息产品消费、社区活动中心、情报

中心、正规教育支撑中心、自主学习中心、大众文化资料中心等七大功能。同时，乡村振兴需要实现“产业兴旺、生态宜居、乡风文明、治理有效、生活富裕”目标，需要进一步“加强农村公共文化建设，开展移风易俗行动”。可见，图书馆的功能和乡村振兴战略的“乡风文明”目标存在契合。这意味着，图书馆可以利用其所具有的七大功能助推乡村文化振兴，即发挥图书馆的社区记忆功能，保护和传承农村优秀的农耕文化；发挥图书馆的信息产品消费功能，促进乡村文化消费市场的繁荣；发挥图书馆的社区活动中心功能，推动农村综合文化服务中心的建设和发展；发挥图书馆的情报中心功能，为乡村文化发展提供参考、咨询服务；发挥图书馆的正规教育支撑中心功能，提升农民受教育水平和综合素养；发挥图书馆的自主学习中心功能，提升农民文化学习的自觉性；发挥图书馆的大众文化资料中心功能，提供优秀的农村公共文化产品和服务。

（二）图书馆的基本理念和乡村振兴战略的基本原则存在契合

作为公益性文化教育服务机构的图书馆，其立足点是社会性，强调走向社会、与大众融为一体、尽心为人民服务。“图书馆应当完全以公共经费支付，并不许向为之服务的任何人收取直接费用”“图书馆应当随时可让人到馆，它的大门应当向社会上一切成员自由地、平等地开放……”1949年，联合国教科文组织发布的《公共图书馆宣言》正式确立了图书馆的基本理念——免费和平等。同时，我国乡村振兴战略提出了“坚持农民主体地位”“坚持乡村全面振兴”“坚持城乡融合发展”等基本原则，这和图书馆的基本理念存在一定的契合度。具体理由有三点：其一，图书馆的基本理念能够有效促使城乡文化拥有平等发展的机会，从而缩小城乡文化的差距；其二，图书馆的基本理念有助于促使乡村振兴进程中的文化建设和经济建设、政治建设等协同发展；其三，图书馆的基本理念有利于农民接受文化熏陶，有助于调动农民在文化方面的积极性、主动性、创造性。

（三）图书馆的宗旨和乡村振兴的文化权利诉求存在契合

图书馆是一种新型的教育方式和生活方式，在知识、信息等方面起着再调节、再分配的作用。事实上，图书馆始终奉行“人人具有免费进入图书馆的文化权利”这一宗旨，使得每一个社会成员都能够免费获取知识，从而改变个人（尤其是社会底层）的命运。可见，图书馆高度重视和尊重人们的文化权利。所谓“文化权利”，就是指可以享受和从事一切和文化相关的权利，主要包括参与文化生活、享受文化成果、开展文化创造、文化成果受到保障、进行文化交流与合作、接受教育等权利。同时，结合乡村振兴的文化权利诉求来看，乡村振兴不能忽视文化建设、文化振兴，必须高度重视农民的文化权利。因而，图书馆的宗旨有利于落实乡村振兴的文化权利诉求，具有重要的现实性价值。其一，有利于提高农民对乡村文化振兴的参与度，激发乡村文化的精神底蕴；其二，有利于共享文化成果，为农村扶智、扶志提供文化支撑；其三，有利于激活乡村文化的创造力，进一步延续乡村文化价值和促进乡风文明；其四，有利于突破乡村振兴中的文化瓶颈，实现农村基本公共文化服务均等化目标。可见，图书馆的宗旨和乡村振兴的文化权利诉求存在一定的内在契合。

二、图书馆与乡村文化振兴的逻辑关系

（一）图书馆支撑、推动与牵引乡村文化振兴

1.图书馆对乡村文化振兴的价值支撑

随着我国改革开放不断向纵深推进，城镇化、工业化的快速发展，大批农民离开农村进城务工，造成农村劳动力严重不足，乡村优秀的民间文化人才伴随乡村人口的稀释而面临流失殆尽的危险。加之城市文化、工业文化、信息文化等多种文化蜂拥而至，严重冲击着乡村文化，挑战着乡村文化中优秀的传统道德价值观，农民对乡村文化价值的认同感发生错位，呈现出衰退和淡忘的状态。面临如此严峻的形势，有必要提高农民大众对乡村文化资源和乡村文化价值的认识，进而对其进行挖掘、保护、传承和传播。

图书馆是专门保存、整理和传播人类优秀文化成果的场所，以其社会地位和社会影响，以及图书馆专业技术人员对乡村文化的职业敏感性，在整理、保存、保护和宣传乡村文化资源方面具有得天独厚的优势。当然，这也正是新时代图书馆所肩负的历史使命。

从文化的视角来看，乡村文化是展现一个地区特色文化的重要依据。从经济的视角来看，从古至今，乡村文化都是推动乡村特色经济发展的主要

力量。图书馆应立足欠发达地区乡村文化遗产的实际，因地制宜地进行有效的整理、保护和研究，挖掘当地文化特色，结合当地农民的意愿，总结、提炼出具有时代性、独特性和开发价值的，且彰显地方特色优秀文化的农业产品和文化产品。进而形成农业文化产业，唤起农民的乡村文化记忆和乡村情怀，以增强欠发达地区农民对乡村文化的认同感和文化自信。从而吸引更多年轻农民返乡，积极投入乡村振兴战略，传承和繁荣乡村优秀文化，为家乡建设作贡献。

例如，临沂市图书馆立足宣传、挖掘、开发革命老区乡村文化资源，编制中国结、刺绣等十多种特色农业文化手工艺品，销售渠道在原有的基础上拓宽了上百家电商，形成了农业文化产业发展模式，帮助上千户老区贫困户脱贫致富。温州大学图书馆利用自身的优势，对温州地区乡村文化特色建筑开展了“泰顺乡土建筑文化”特色数据库的建设工作，有效地传承和保护了本地区乡村文化资源，从而对本地区乡村特色文化资源价值起到了重要支撑作用，促进了乡村文化经济的发展。吴建中指出，数字化是实现精准扶贫的有效手段。上海图书馆推出的“爱悦读”机顶盒项目、福建省图书馆研发的“文化一点通”平台等新的技术方法的应用，为图书馆在发展乡村文化，保护乡村文化，促使乡村文化价值最大化的乡村振兴战略中，发挥了强有力的价值支撑。

2. 图书馆对乡村文化振兴的智力推动

乡村文化振兴，关键在于农民。农民是传承和繁荣乡村文化的主体和中坚力量，是乡村振兴的建设主角，同时也是受益者。文化教育资源分配不均衡是导致贫困文化产生的重要因素。文化精准服务目的是提高乡村和村民的自我发展能力和自主致富能力，激发乡村和村民的内在活力，是一种提升农民内生式“造血功能”的致富方式。乡村文化设施和信息化设施的完善，文化产品精准的供给，乡村公共文化服务效能精准的提高，以及村民文化素养、技术素养、信息素养精准的提升，是精准文化服务的重要手段。图书馆是知识信息中心，具有收集、保存、加工、传递和利用文献知识信息培育人才和为科研服务的职能，同时也肩负着为乡村文化振兴普及文化科学知识，直接、间接地为乡村振兴提供智力支持和推动力。它通过服务对象和服务需求的精准识别，线下直接精准地提供书刊资料、最新科技信息或给予实际培训、指导，线上通过精准地推送实用图文知识信息、视频教程培训或QQ、微信等互动，以提高服务对象的文化素质、信息素养、科技能力和管理水平，为服务对象输送智力支持和精神动力，实现文化精准服务，推动乡村文化振兴。

我国图书馆坚决响应党中央的乡村振兴战略号召，投入乡村文化振兴，采取多种形式，开展文化精准服务，为乡村文化发展和繁荣做出了不少成绩，得到了乡村的普遍重视和欢迎。2016年，河北省图书馆文化精准扶贫工作组进驻回回墓村，积极探寻“互联网+”文化精准扶贫模式。架设了光纤宽带，架构了无线网络，拓展了贫困村民脱贫的发展空间；建立了以科技、农业等为主的800余册专业图书的村图书室，且定期配送优秀图书供村民阅览；举办了各类文化知识讲座和文艺活动，提高了村民文化素质和科技意识，培养了村民的阅读习惯，丰富了乡村的文化生活，夯实了回回墓村群众的文化基础，所发挥的文化扶智、文化扶贫的作用，深受村民的欢迎。

农民文化素质、信息素养的提高，教育信息资源的提供以及特色资源的提供，是网络精准文化服务得以实现的关键因素。图书馆不仅能够提供教育信息资源，提高乡村群众的文化素质和信息素养，而且能够提供各类农业科学技术知识资源和视频培训指导，提高农民就业能力，帮助乡村贫困群众文化致富，发挥智力推动作用。

3. 图书馆对乡村文化振兴的文明牵引

乡村振兴，单纯依靠经济手段和经济力量固然可以促进乡村经济的增长，但会给乡村的发展方向带来重大风险，无法保护和发挥乡村传统优秀文化资源和文化传统的教化功能，无法提高乡村的文明程度。回顾过去，一些地方缺乏对乡村文化充分的认识和深刻的理解，盲目照搬其他地方的经验和模式，任意将传统村落“一刀切”地推倒，重新建成一排排的“小洋楼”，导致不少具有历史传统文化村庄消失，成为文化“失忆”的村落。要实现“产业兴旺、生态宜居、乡风文明、治理有效、生活富裕”的总目标，必须依靠文化力量精神力量的牵引。产业兴旺建立在乡村文化中地方性知识有效的运用基础上，生态宜居是乡村文化利用自然的传统在人与自然和谐相处中的反映，乡风文明得益于乡村文化中传统美德的发挥和弘扬。

农民是乡村建设的主体，是乡村振兴的内在动力。一些地方的乡村公共文化保障体系不健全，文化资源供给不足，文化的良性引导缺失，农民的思想认识、价值观念发生了很大变化，逐渐舍弃乡村传统优秀文化，过度追逐经济利益，导致村民道德失范，人心涣散，使得要想进一步发展乡村经济已经变得很困难了。新时代，要实现乡村振兴，就必须加强乡村精神文明建设，弘扬正气，营造清正乡风，调动村民的积极性，激发农民的内生动力。我国图书馆事业既是中国特色社会主义精神文明的牵引力量，也是国家文化宏观调控的有效手段。

（1）图书馆坚持以社会主义核心价值观引领乡村文明新风尚。

社会主义核心价值观是新时代乡村文化振兴的灵魂。图书馆依托乡村图书室以通俗易懂、喜闻乐见的方式，开展形式多样的社会主义核心价值观和乡村振兴战略的阅读推广活动，并通过新媒体推送社会主义先进文化，以社会主义核心价值观引领乡村文化新风尚，并内化于每位村民的思想，外化为他们的行动准则。

（2）图书馆大力宣传中华优秀传统文化。

中华优秀传统文化包含着“向上向善、孝老爱亲，忠于祖国、忠于人民”等精神文明建设所提倡的美德，是乡村文化振兴的支柱。图书馆积极宣传中华优秀传统文化，用传统美德教育感化村民，营造清正文明乡风，提高村民保护和传承乡村文化的认识，激活乡村优秀文化的当代价值，助力乡村振兴。

（3）图书馆提供国内外文化服务的理论和实践经验。

自从我国开展文化服务以来，专家、学者进行了大量的研究和探讨，以及对国外的文化服务经验做了翻译和对比研究，发表了不少的研究文章和专著，积累了很多可资借鉴的成熟经验。图书馆可向乡村居民提供文化精准服务的文献信息，供他们学习和参考。

（二）乡村文化振兴促进乡村图书馆角色转换

乡村振兴必然包含了乡村文化振兴，作为现代公共文化服务机构的图书馆，应在乡村振兴战略背景下选择适合其自身发展的角色和运行模式，有效整合资源，优化服务，实现其文化传承职能，助力乡村文化繁荣。

1.重塑乡村文化休闲的组织者

无论是古代的藏书楼还是近现代的图书馆，文献资源收藏都是其重要的基本职能，一方面，技术的进步和信息素养的提升让读者获取资源的途径变得广泛，图书馆的文献资源不再是读者获取文献信息的唯一途径；另一方面，伴随着社会的发展，基层群众的生产生活方式也发生了相应的改变，文化休闲成为一种常态现象，但文化休闲的本质还是以资源作为基础，这些因素都会不断强化图书馆文化休闲功能，因此图书馆应更加注重文献资源和文化设施的融合，挖掘和培育地域特色文化，主动满足读者需求，成为重塑乡村文化休闲的组织者。

2.开展教育培训的践行者

教育水平是衡量一个国家文明水平的重要标志，大数据、人工智能等信息化技术的发展也加速了我国教育现代化的进程，图书馆的社会教育职能在教育强国进程中得以凸显。各地区图书馆可结合自身实际，不断开发教育培训的新模式，根据当地读者需求，开展各种讲座、展览、培训等教育实践活动，丰富教育实践的形式，以信息化手段弥补欠发达地区教育资源的匮乏，坚持教育引导，向信息获取相对贫乏的基层读者输送工农业生产技能、现代信息技术等。深化中国特色社会主义教育和爱国主义教育，逐步改变和更新教育培训的供给方式，扩大受众群体，促进社会教育的优质均衡发展和乡村留守儿童义务教育的公平实现。

3.实施精准服务的助力者

平等参与社会文化活动的生产和创造是每一个人都有的权利，欠发达地区由于各方面的原因，文化水平发展滞后。在乡村振兴战略驱动下，不少图书馆已经开始尝试助力文化服务，利用“文化下乡”“农家书屋”等方式，为欠发达地区的基层居民提供纸质文献资源和数字资源，为其输入文化理念和知识；在提升信息素养、满足其文化需求方面，取得了一定的效果。图书馆需要进一步认识自身角色，作为实施精准服务的助力者，扮演欠发达地区的“数据管理专家、精神文明阵地、信息素养的教育机构”等角色，在实践的过程中构建文化服务模式，从服务的对象、手段、成效等方面做更多的尝试，以文化能力促进生产能力，成为实施精准服务的助力者。

4.弘扬传统文化的守护者

自我意识与文化生活之间的良性互动构建了文化认同，人们对文化价值的认定和守护，成为当今世界文化发展的主题。我国丰富多样的地域文化为传统文化的形成提供了实践基础，我国社会结构正加速向现代化和公共化转型，关注传统文化，用文化的多样性去平衡现代性冲击是实现文化治理的有效途径。作为基层文化部门，图书馆有义务收集整理反映地方民风民俗、文化源流等富有传统文化特色的地方文献资源作为特色馆藏，以守护文化根脉。

5. 全民阅读进农村的促进者

图书馆散布在全国各地的行政区县，主要读者是最广大的基层民众，图书馆可以凭借其丰富的资源和优越的地理位置，成为基层全民阅读的推进者、提倡者、引导者和组织者，成为全民阅读进农村的促进者，以最便利、最受群众欢迎的方式深入基层、深入民间开展阅读推广活动，吸引更多的基层民众利用图书馆。

第四节　图书馆开展乡村文化振兴活动的进展

2016 年，一项对美国 45 个州和加拿大两个省共 721 个乡村图书馆的调查表明，这些图书馆开展较多的活动分别是图书讨论组（65%），技术或计算机（64%），工艺爱好（53%），图书讲座或作者访问（49%），居家服务（49%），到当地的老年中心、临终关怀院和疗养院提供服务（47%）。[①] 所以，乡村图书馆面临的主要挑战是如何与其所服务社区的生活保持联系，图书馆早已不再只是人们读书看报的地方了。图书馆现在需要扮演新的角色，承担新的责任。乡村图书馆不能以传统的方式继续下去，被动地等待读者前来阅读；相反，图书馆必须主动思考和行动，预测读者的需求，为创新服务腾出空间。当然，作为传播知识的平台，乡村图书馆首先要做到文献资源对路，即乡村图书馆要选择村民（特别是儿童、老人）喜闻乐见的书籍，吸引他们借阅。如果在文献资源选择上缺乏判断力，可以借助社会组织或图书馆专业人士的帮助，如北京大学信息管理系阅读推广课题组在山东、河北、河南、山西、辽宁等地创办 34 个乡村家庭阅读点，专业人员选书配书，针对性强，受到了村民们的喜爱和欢迎。

---

① 王子舟，李静，陈欣悦，等. 乡村图书馆是孵化乡村文化的暖巢——关于乡村图书馆参与乡村文化振兴的讨论 [J]. 图书与情报，2021（1）：116-125.

图书馆要充分利用先进的信息技术，即利用智能化手段，激发农民的参与热情。例如，2019 年 1 月，嘉兴市图书馆秀洲区洪合镇凤桥村分馆“智慧书房”开馆，它采用了无人值守、自助服务、智慧化管理的方式，还提供 3D 立体书、电子书借阅机、手持借阅 Pad 等数字设备，村民不仅觉得新奇，也乐意进行体验。2020 年 8 月，深圳市文化创意类社会组织扶贫联盟与深圳少儿图书馆合作，在广西都安瑶族自治县援建的隆麻村图书馆开馆。该馆使用了深圳少儿图书馆开发的“人人阅共享图书系统”，实现了借还书一体化和深圳少儿图书馆管理系统对阅读数据的实时跟踪；所捐赠的 5 台“阅读一体机”也与深圳少儿图书馆联网，隆麻村的孩子们可以从中获取少儿馆的所有数字资源。数字文化资源具有弥合城乡文化差距、丰富乡村文化内容、跨界组合多种资源、促进网络社群互动、快捷推介乡村形象等多方面的优势。

传统图书馆主要是以传播显性化知识为主的，但是进入 21 世纪，借助各种技术手段，也开始重视传播隐性化知识，如经验、技艺等。为此，国内外许多图书馆都设立了创客空间。乡村图书馆也可以开设工作坊、微课堂等，通过体验性学习让村民们掌握乡村非遗技艺、乡土习俗、科学实验、手工技巧等方面的隐性知识，提高村民们的感悟力、共情能力等。2020 年 6 月，北京大学信息管理系的“李更生阅读推广基金”在乡村图书馆中发起了“更生图书馆微课”（LGS Little Free Class）公益项目，它是一种“线上资源 + 线下学习”的活动模式，即开发、利用线上视频知识资源，以乡村图书馆为学习中心，组织留守儿童观看线上内容，在线下共同学习，同时开展相关延伸阅读。现在已经进行了两期，有 9 个乡村图书馆参与。微课内容有折纸、剪纸、树叶贴画、泥塑、易拉罐制花瓶、纸电路设计、扎染等。“线上资源”有助于解决乡村图书馆智力资源不足的问题，“线下学习”还能够满足乡村儿童特别是留守儿童的社交和情感需求。这些微课引导小读者在做中学，可提升其跨媒介阅读、参与式学习的能力。

乡村图书馆能够促进社群联系，培养地方认同感和社会凝聚力，这是较之城市图书馆更为重要的一种功能。而发挥好这一功能，乡村图书馆应该善于运用“乡村图书馆 +”思维，开办民俗馆，收集展示农村生产生活老物件。通过保存乡村的文化记忆，留住人们的乡思、乡情与乡愁。例如，山西省左权县麻田镇麻田村的“心连心家庭图书馆”，四合院一楼是图书馆，二楼是民俗馆，里面收藏了许多老物件。民俗馆与图书馆相得益彰，对民俗、村史感兴趣的人来了会顺便到图书馆看看书；到图书馆来看书的人，也会顺便参观民俗馆，受到民俗村史方面的教育。此外，乡村图书馆应运用开发读者资源的思维，发动读者来做口述史。2016 年，西安市高陵区文化馆动员 1000 多个自然村识字老人做志愿者，去记录乡村口述史，竟然有 100 多位老人热情报名参加口述史培训，他们带着录音笔回村做口述史，老人采访老人。其中一位老人表示，社会变化太快了，许多乡村都拆迁了，他要把农村社会经历记录下来以留给后人。乡村口述资料不仅可以保存乡村文化记忆，也能够形成乡村图书馆的特色资源，对村民起到积极的社会教育作用。

运用“乡村图书馆 +”思维提供内容混搭服务，这是一个值得探索的方向。从目前的乡村图书馆（包括农家书屋）的服务实践来看，除了上述“乡村图书馆 + 民俗馆”之外，还出现了“乡村图书馆 + 超市”（河南省内黄县马上乡李石村的微光书苑）、“乡村图书馆 + 诊所”（宁夏中宁县新堡镇盖湾村的红枸杞图书室）、“乡村图书馆 + 夜校”（广西东兰县东兰镇委荣村韩建相的健将图书馆）、“乡村图书馆 + 电商”（江西省赣州市寻乌县在 173 个农家书屋推行“农家书屋 + 电商”模式）、“乡村图书馆 + 民宿”（浙江省杭州市桐庐县富春江镇石舍村的文昌阁乡村生活书吧）等，河北省迁安市采取“农村书屋 + 广播站”的方式，通过村级广播把农家书屋中的内容送到村民群众耳边，书屋看书和街头听书相结合，带给村民新的阅读体验。现在许多乡村图书馆在向文化大院发展，其实也是“乡村图书馆 +”思维的一种体现。例如，重庆市万州区熊家镇古城村农民谭明海的“金龙文化大院”、吉林省东丰县南屯基镇北屯基村农民张崇安的“张家文化大院”等，都是当地知名的文化大院。它们不仅提供图书借阅，还提供棋牌游戏、科普讲座、普法教育、电影放映、文艺演出等，成为乡村的公共空间与村民的娱乐场所。

在近年我国推进的特色小镇、美丽乡村建设进程里，出现了一些自发的新型乡村图书馆，可称为“2.0 版乡村图书馆”：一是创办主体是多元参与，二是空间设计追求生态美学，三是服务内容多种多样。许多美丽乡村因有了这样一个新式乡村图书馆而别开生面，享誉四方。例如，浙江省桐庐县江南镇荻浦村“荻浦乡村图书馆”、河南省焦作孟州市莫沟村的村级窑洞图书馆“老苗书馆”、福建省永泰县嵩口镇月洲村的“月溪花渡乡村图书馆”等。

2020 年 1 月，青年作家蔡崇达在福建省晋江市东石镇将自家老宅改造成“母亲的房子”图书馆，四层半高的外立面显示了闽南风格，楼层内通过错层扩展空间，层层见绿，突出立体园林特色。设计师琚宾说：“我希望这个地方和文学、讲堂及儿时记忆都会产生关联，在新时代会有新的一种能量来回望乡土；它建在城中村，也是一个示范，因为中国还有很多城中村，每一个城中村有很多公共空间连接就会构成一个公共系统，这些公共系统会改变人和人的关系以及激发对这个地区家乡的记忆。”一座美丽的乡村图书馆是一个乡村的“名片”，表征出一个乡村的文化品位。“2.0 版乡村图书馆”的出现，使乡村在文化建设中发出了自己的声音。以往乡村文化建设，乡村是被动的，乡村文化处于失语状态，只能是城市文化的附庸，但“2.0 版乡村图书馆”的出现，使得这种局面有了改变的可能。

第三章　孵化乡村文化的暖巢项目——图书馆“三下乡”活动

第一节　图书馆“三下乡”论题的相关阐述

一、“三下乡”概念的诠释

“三下乡”是指文化、科技、卫生下乡，即有关文化、科技、卫生方面的知识等物质文化资源向乡村的传送，促进乡村文化、科技、卫生的发展。实质上是以政府为主导的乡村公用产品的供给。这是我党全心全意为人民服务宗旨的具体体现。

由于乡村的精神文化生活较为贫乏，其落后文化需要通过外部输入现代化文明的方式来进行创新改造，而最有效的形式便是“下乡”，送乡村需要的资源和物品，而且这也是短期内最有效的方法。实际是将“三下乡”活动与市场供需机制的建立健全相结合，既要掌握当前下乡援助活动的实际效果，又要考虑城市、乡村两大社会系统的长远利益，在实践中完善城市资源输入乡村活动的供给机制，保证“三下乡”活动的持续性。同样，加强乡村内部的骨干队伍的建设，实现乡村内部人力资本的积累。下乡的资源呈现多样性，仅文化下乡方面包括图书、报刊下乡，送戏下乡，电影、电视下乡，开展群众性文化活动等多个方面。

“三下乡”最显著的特征是政府自上而下的供给模式，以国家为主导的有意识的宣传和组织上的渗透，发动群众，满足农民的物质文化需求，这也是国家关注“三农”问题的具体行为。可以将“三下乡”转化为一种有利于乡村发展的治理手段，密切党群、干群关系，推进乡村振兴。

二、“三下乡”的现实背景

我国城乡之间存在差距，是“三下乡”活动开展的主要现实背景。城乡二元结构的存在，导致资源分配的不均，为了改变这种状况，国家政策必须向“农村、农业、农民”倾斜，使国家政策通过农民的需求嵌入农村，调整农村社会关系，进而构成了以农民需求为主的“三下乡”模式。

“三下乡”的过程也是城乡相互依托，协调发展双向推进的过程，实际是把“三下乡”活动与供需机制的建立健全相结合，既要把握当前资源下乡援助的实际效果，也要考虑城市、乡村两大社会系统的长远利益，在实践中健全下乡活动的工作机制，保证“三下乡”的持续性，实现常下乡；把城市“送”的资源与农村“用”的需求结合起来，强调在农村“用”字上的反馈，在提高“送”的机制和“用”的反馈上下功夫；在资源下乡援助的过程中，更要着力于加强为民所“用”的基础设施建设和农民队伍建设，完善农村内部，促进经济发展的造血功能。

三、“三下乡”的理论依据和现实诉求

（一）“三下乡”的理论依据

马克思曾说：“城乡关系的面貌改变，整个社会的面貌也跟着改变。”从“城市的出现”到“城乡关系的对立”，最终过渡到“城乡一体化”是社会发展的必然。为了顺应这种城乡经济社会发展关联度日渐增强的新形势，应积极推动乡村与城市的改革，以推进两者关系由彼此脱节走向协调互动，并构建新型的工农关系和城乡关系。

“三下乡”路径为推进城乡一体化提供了一种实现途径和手段，涉及城乡政治、经济、文化以及生态演进模式结构的长期变化，着眼于培育更好的新型城乡关系，代表了一种前瞻性的发展战略。有许多问题还需要从理论层面进行探讨。以社会均衡理论和种族生态学“共生理论”为理论依据，运用

系统的思维对“三下乡”进行阐述。

一方面，它契合了社会发展均衡理论的动态均衡，说明在动态发展均衡状态中含有活动和变化，但是这种类型的活动和变化，并不意味着城市和乡村社会系统的内部各部分之间基本关系会发生改变，因为这种类型的活动或变化将很快被相对均衡的趋势矫正，即城市与乡村在发展上的均衡性与相互依赖性。城乡一体化，受制于城市和乡村两个不对称的社会结构：一个是政府强势主导、市场强势调控而社会弱势；一个是工业强势发展、城市强势发展而农业弱势发展。面对社会结构不对称的两大社会系统，倡导城市工业发展包容农业产业发展基础上的资源让渡与援助，即工业反哺农业。城乡一体化发展本身旨在解决城市与乡村在社会结构上的失衡问题，并蕴藏着“包容性发展”理念所主张的享有平等机会、共享发展成果、可持续发展等核心价值体系。倡导包容性发展的理念，就是充分发挥城市在中国社会发展过程中的“容器”功能，让城市“让渡”部分利益到强调“城市援助乡村”的发展，应该值得我们去尝试。

另一方面，它也结合了种群生态学中“共生理论”的深刻内涵，即基于统筹城乡发展的目标，将城市和乡村两大社会系统作为两个具有复杂的相关关系的有机生态种群，通过分析城市和乡村之间的共生单元、共生模式、共生环境与共生界面，审查统筹城乡一体化发展的运作机理与具体路径。城市与乡村作为社会发展的两个基本格局，二者在功能上存在着极强的关联性和互补性，自然要实现“共融性发展”，进而才可能实现城乡关系的和谐。可以说“三下乡”路径是一种制度的安排，它反映了建立在社会发展的客观规律基础之上的深刻洞察和透彻把握之上的政府能力，是市场作用和政府善治相互影响、协调演进的结果。通过“三下乡”摸清城乡一体化发展模式，迎合了社会学家帕森斯所言的，制度分化能够促进社会整合，之前被排斥在外的农村有机生态群体逐步被现代化发展过程包容。有助于进一步充实和深化我国乡村治理和城乡现代化向深度拓展，能够为形成在全国乡村社会推广“三下乡”的城乡一体化发展路径实践经验上提供些许理论上的准备。

（二）“三下乡”的现实诉求

自1978年以来，我国的城乡经济结构面对经济全球化的发展趋势，正经历着急剧的空间演变进程。[①]“农村问题”始终是关系到中国现代化发展的重要性问题之一，也是一个现代化过程中不能绕行的问题，包括西方及欧洲那些早发内生型的国家在其工业化和城市化的过程中都经历过这个阶段，具有规律的客观性，无法回避。

农业发展确实到了从传统型农业经济向现代化农业经济发展方向转型的新阶段，农业经济的发展方式真正到了由传统小农经济向现代化市场经济转变的新阶段，农业的发展环境也真正到了外部渗透与农民的参与相互转化的新阶段。所以，城市与乡村的关系也真正进入对接与融合的发展新阶段。

以“三下乡”为核心的乡村发展路径旨在强调，乡村在城市的辐射和带动下不断发展、不断进步，乡村的发展又为城市的发展与进步提供支持和保障，二者相互依赖、互为补充，从而使城市与乡村在总资源的配置上和农村社会福利的改善上处于“帕累托”最优状态，即社会经济福利在不牺牲其他人经济福利的条件下得到进一步的增进。

首先，在城乡关系发展过程中，乡村当然主要是向城市看齐，因此，城乡一体化往往与乡村的城市化联系在一起。没有乡村的城市化，也就没有城乡的一体化。更何况，“从理论上说，乡村和都市本是相关的一体”。而“城市吸收了农村的乡土文化，形成了强大的爱抚养育能力和社会活力”，只有建立在强大爱抚能力和社会活力的基础上，才能充分发挥城市的容器作用，容纳农村社会发展的不足，这样农村经济进一步发展才成为可能。因此，无论是全面建成小康社会，还是努力实现中国的现代化，城市包容乡村经济社会发展的城市化道路都是可行的[②]。乡村的发展需要城市在其发展中做出些许让步，甚至是让渡经济发展过程中的部分利益。“三下乡”本身也有着优势互补的意思在里面。当然，城市也会吸收某些有益于人的发展的要素，从而实现一种城乡一体化的融合共生。

其次，城乡关系能否处理好，也是城乡关系能否解决好的关键。我国城市偏向的长期存在，导致现阶段社会发展的主导优势仍旧在城市，主要动力源也在城市，但是城市与乡村关系问题的根本是在农村，它既表现为城乡经

① 李国平，杨军．网络化大都市——杭州市域空间发展新战略 [M]. 北京：中国建筑工业出版社，2009：4-5.

② 李程骅．城乡一体化战略下的产业空间互融机制研究 [J]. 学海，2011（6）：44-48.

济发展失衡的困境，也表现为城乡社会发展失衡的困境。这就需要在政府主导的前提下自上而下地推进，即“三下乡”，以及市场供需机制主导的自下而上的推进，即农村内生力量的呼应。城市与乡村相互依托、互动结合的双向推进，实际是把“三下乡”活动与市场供需机制的建立健全相结合，既要掌握当前资源下乡援助活动的实际效果，也要考虑城市、乡村两大社会系统的长远利益，在实践中健全下乡活动的工作机制，保证“三下乡”持续性，实现常下乡；把“三下乡”与乡村的利益需求结合起来，强调在乡村资源利用上的反馈，在农民需求机制的反馈上下功夫；在资源下乡援助的过程中，更要着力于加强为民所需的基础设施建设和农民队伍建设，完善乡村内部促进经济发展的“造血”功能。城市援助乡村的目标是实现城乡一体化。城市援助乡村并不是城乡经济发展的平均主义，也不是实现一个低水平的平衡发展，而是站在城市与乡村地域空间系统综合协调的角度上，为城市和乡村两大社会系统的经济发展营造平等的竞争环境、相互依托的发展体制和运行机制，主要方向应该是城市与乡村互相吸收彼此先进和健康的社会经济文化、摒弃落后和扭曲的精神文化状态的双向演进道路。

第二节　图书馆科普下乡：运用科技带动乡村发展

一、科普下乡的缘起

科普有多种英文表述方式，如 popular science，science popularization 等，其中 popular science 早在 19 世纪就已出现。我国“科普”一词的出现比较晚，在 20 世纪中期才开始出现，起初是“中华人民共和国科学技术普及协会”的简称，随后大约在 1956 年作为“科学普及”的缩略语出现，成为我们现在所谓的科普。科普随着科学技术的产生而出现，并随着科学的进步不断发展，科普的内涵也由此不断扩展和变化。关于科普的内涵，《中华人民共和国科学技术普及法》对其进行了间接的表述：“本法适用于国家和社会普及科学技术知识、倡导科学方法、传播科学思想、弘扬科学精神等活动。开展科学技术普及，应当采取公众易于理解、接受、参与的方式。”由此，通常把科普定义为：科普主体以公众易于理解、接受、参与的方式，通过一定的渠道普及科学技术知识、倡导科学方法、传播科学思想、弘扬科学精神的社会活动。

农业是国民经济的基础，也是我们赖以生存的基础，无论是从狩猎农耕和驯养繁殖，还是从采摘野果到种植栽培，都需要人们在生产过程中的探索和研究。科学技术是第一生产力，也是农业发展的第一推动力，农村市场是我国最具潜力的市场，开发好农村市场必然要以科学技术为依托。世界农业的发展趋势和我国的国情以及农业生产实践都证明了农业问题的解决必然要依赖农业科技进步。而农民所掌握的科学技术水平的提高，一方面依赖于农业科学技术研究的推广和发展；另一方面，农民作为农业生产的主体对科技成果运用的熟练程度，让科学技术转化为现实的生产力。然而，在农村的生产实践中，农民掌握的科技技术已经不适应现阶段农业生产的发展，而且并非所有的先进技术在产生之后都能较容易地被生产者接受。因此，走进农村，从农村实际出发，实现技术推广与农民的科技需求相结合，从培养农民的科技意识上着手，培育新型农民，供给适合农村发展需要的科学技术，更容易被接受的形式，便是科普的宣传和科技人员的指导，也就是科普下乡。

二、科普语境下图书馆科普角色

（一）提升人们科学素养的服务平台

提升人们科学素养是全社会共同的责任。图书馆作为公共文化设施，不仅具有开展全民阅读服务的任务，还应有支持全民科普、全民普法、优秀传统文化传承等公共文化服务。尤其以促进社群终身学习为使命的公共图书馆，更有提升全民科学文化素养的义务与责任，是全民科学素养提升的服务平台之一。图书馆作为全民科学素养提升服务平台具有众多优势。一是拥有异常丰富的科普文献信息资源。例如，科普图书、科普报刊、科普音频作品、科普视频作品、科普戏曲作品、科普游戏等。同时，资源类型多样化，如文本、图像、音频、视频、动画、游戏等形式科普资源。二是拥有充足的空间资源。随着公共文化事业近 20 年的高速发展，公共图书馆空间资源增长迅速。据统计，2015 年末，公共图书馆实际使用房屋建筑面积 1316.76 万平方米。2019 年末，实际使用房屋建筑面积 1699.67 万平方米，较 2015 年增长 29%。这为图书馆科普服务提供充足的空间资源。图书馆空间资源可发展为其他科普组织或科普工作者与科普志愿者、社会公众的科学交流学习空间，也可作为科学家面向社会公众开展科普服务的物理服务空间。三是拥有强大的人力资源。图书馆社会教育活动由来已久，锻炼了馆员活动策划和组织能力。具有较强策划组织能力的馆员为图书馆开展科普服务提供了人力资源。图书馆具备科普文献信息资源、空间资源和人力资源，为打造全民科学素养提升服务平台储备了资源。

（二）保存和开发科普知识资源的中心平台

图书馆的基本职能是收集、保存、传递和传承文化遗产和知识资产。程焕文认为，需要付费才能获取的资源就是知识资源，图书馆工作的起点从知识资源积累开始。图书馆是人类知识资源储存中心，不乏具有众多载体、丰富内容的科普文献信息资源。图书馆在科普知识资源储存方面具有得天独厚的先天优势，为了更好地参与全民科普工作，应该根据青少年、农民、城镇劳动者、领导干部和公务员等不同科普群体需求特征，分众进行文献信息资源二次开发，形成符合特定群体科普认知特点的科普知识资源。科普知识资源开发需要人、财、力的投入，仅靠图书馆各自为政、单枪匹马去实施知识资源开发，重复开发在所难免，从而导致人力资源浪费。为此，需要建立科普知识资源共建共享运行机制，构建科普知识资源共享联盟。在知识产权法律框架下，通过授权或适用范围等措施合理规避法律风险，将开发完成的科普知识资源及时更新到联盟内资源共享平台上，通过共建实现共享，增强总体服务效能。

图书馆具有科普文献信息资源开发和资源组织的专业优势，理应成为科学技术协会领导的科普工作中科普知识资源保存与开发中心之一，当然，图书馆不应成为单一类型的资源开发共享中心。开放与包容是图书馆精神之一，共建共享模式是其精神的体现，基于众包理念实施科普知识资源开发必将促进知识资源建设更加高效与快捷。

（三）公众科普教育与传播中心

图书馆具有科普文献信息资源、空间资源、人力资源等优势，是面向公众实施科学技术教育、传播与普及的中心。由于科学技术创新迭代，单靠学校科学教育很难奏效，需要社会教育和终身教育去补充和扩展。科普教育在空间上具有社会教育性，在时间上具有终身教育性。图书馆是社会教育的重要场所，也是终身教育权益的捍卫者，应承担起科普教育与传播的职能。

2019 年，各级科协拥有所有权或使用权的科技馆 978 个，科技馆全年接待参观人数 7479.4 万人次。而据《中华人民共和国 2020 年国民经济和社会发展统计公报》显示，全国共有 3203 个公共图书馆，总流通 56953 万人次。所以，图书馆较科技馆拥有数量庞大的用户群，日益成为社群生活的第三文化空间，是开展科普教育与传播的理想场所。图书馆应成为科普教育与传播中心，成为科学家从事科普工作的重要阵地，成为实现科学与公众相互联系的桥梁与纽带。

（四）大众科学交流与创新中心

作为第三文化空间的图书馆，特别是城市公共图书馆，是用户知识交流中心。除了以科学家为主体的科学共同体之外，社会公众之间也需要科学知识交流。创客教育是基于创造的有技术支持的学习。创客空间是知识与实践体验的结合体及其衍生物，它把“创造”理念引进图书馆，使当事人对学习新技能和新知识更有激情与活力。相对于科技馆等其他科普教育实施，图书馆具有物理空间和用户两大显著资源优势，其创客空间为大众进行科学交流与创新提供了实践平台。图书馆的公益属性有益于大众科学创新成果孵化与推广应用，为“大众创业、万众创新”搭建平台，有利于国家“双创”持续稳健发展。图书馆应依托创客空间开展科普教育服务，日益建成大众科学交流与创新中心。

三、图书馆科普下乡与现实的错位

（一）科普形式缺乏创新性

科普知识只有通过有效的载体向受众进行传播才能实现其价值，使其为社会共享从而提高公民的科学素养，不同的科普载体将呈现出不同的科普形式，纸质书载体呈现的是科普书籍的形式，大众媒体呈现的是影视科普等形式，当前的网络是科普进行的有效、快捷的科普载体，展现了当今最受欢迎的网络科普形式。图书馆科普形式单一且创新不够，科普教育活动缺乏创新。图书馆的科普形式属于比较传统的类型，主要有科普讲座、科普巡展、科普展览和百人签名几种形式。

（二）科普后备人才不足

人力资源开发不足，科普人才队伍规模小，目前，图书馆的常设科普人员不多，图书馆内有大量具有专业素养的科学工作者，是专业人才的汇聚地，图书馆与全国的相关专业基层工作者和机构都有普遍的联系，这为专业图书馆提供了丰富的智力和人力资源，但是就目前情况看，图书馆并没有充分开发和调动这些资源，图书馆科普下乡活动的开展一般是由图书馆馆内工作人员进行的。图书馆培养的科普人才规模小，具有专业知识的人员缺乏对科普的认识，仅有其中几位专业人士在进行科普相关工作，包括筹划和组织科普活动以及科普的相关研究等。由此可见，图书馆真正的科普人才比重较小，没能充分发挥图书馆专业人才援助乡村的功能。

（三）科普网络建设落后

随着信息化时代的迅速到来，数字化图书馆的建设是图书馆的一项重大任务。然而我国数字图书馆的建设相对滞后，无论是在数据库的数量上还是在用户的使用感受上，与实际需求的差距还很大。图书馆在数字图书馆建设方面主要有以下几个问题。一是自动化、网络化发展水平落后。在地方图书馆，甚至有的还没有电子阅览室，只在大厅的四周摆放了几十台电脑供读者使用。二是资源建设观念落后。相比庞大的需求，我国图书馆的数据库明显不足。我国图书馆亟须对数字资源建设加大投入，扩充馆内的资源储量，但国内大部分图书馆对资源建设的重视程度不够，对资源的获取渠道、资源共享考虑过少，再加之我国从事资源开发和研究的人还很少，服务水平也偏低，致使我国图书馆的资源建设落后。此外，图书馆的工作人员数字化技术水平不高。尽管图书馆内不乏专业素质高的人才，但缺乏业务能力、自动化、网络化、数字化水平高的综合性人才。

四、图书馆送科技下乡的几种途径

近年来，送科技下乡已成为图书馆工作的一项新的内容。各地各级图书馆在这项工作中都探索了有效的方法，取得了显著成绩，深受广大农民的好评。

送科技下乡具有十分重要的意义。搞好送科技下乡工作，图书馆工作人员首先要提高思想认识。送科技下乡可以把先进适用的农业科技及时迅速地送到广大农民手中，可以促进农村产业结构调整，促进农业科技成果转化，使农业增效、农民增收；送科技下乡可以把小小图书馆和农村的广阔天地紧密联系起来，把图书馆延伸到乡镇街道、村庄、田头，进而扩大图书馆工作的业务范围和服务空间，这是深化图书馆工作改革的一项重要内容。广大农民尝到了图书馆送科技下乡的甜头，他们说："我们缺少的是技术，盼的是服务。送钱送物，不如送农业科学技术；送金山银山，不如送农业科学技术这座靠山。"

图书馆送科技下乡有许多方法，根据近年来各地各级图书馆送科技下乡的实践，归纳起来，主要有以下几种方法。

（一）书海献宝

图书馆珍藏大量书籍，可以挑选一部分科技书籍送给农村图书室，供农民学文化、学技术之用。"汽车图书馆"可以选择一些有代表性的村，定期送农业科技杂志，并定期收回，再送去新一期的农业科技杂志，不断给农民送去新的"精神食粮"。图书馆根据农村产业结构调整和市场的需要，在送科技下乡工作中，选购一批农业科技音像资料和书籍，送到农村图书室，供农民技术培训使用和阅读。例如，《日光温室蔬菜栽培技术》《花卉栽培技术》《畜禽疾病防治技术》等农业科技书籍，都是农民爱不释手的。

（二）网上拾贝

当今世界，农业新产品、新技术如雨后春笋不断涌现，再加上市场瞬息万变，农民在调整产品结构中种什么、养什么、加工什么，要根据市场的新需求，要瞄准农产品的名、特、优、新、稀，这样才能提高效益，增加收入。因此，图书馆送科技下乡要把着眼点放在推广新品种、新技术上，放在农民不断适应市场需求上。这就要求我们为农民提供的技术和信息要新，要快，要出高效益。计算机联网便是适应这一要求的新方法。一方面，图书馆工作人员要制作农业科技网页，在网上发布，使有条件的乡村和农户在网上拾贝，求得新知；另一方面，图书馆工作人员要善于在网上收集国内外的农业科技新知识，及时地传递给农村的网友。

（三）专家授课

为了使专家授课有针对性地解决技术问题，在授课之前，图书馆应征求授课所在乡村农民的意见，了解他们需要什么方面的技术，然后，图书馆根据他们的需求，聘请他们需要的专家，讲授他们需要的技术。确定授课内容后，被聘请的专家要认真备课，所讲的技术要深入浅出，使听课的农民易听易懂易记。听课农民的组织可以由乡村负责同志组织，也可以由民间的各种技术协会负责组织。住家授课最好采取集中授课的方法，个别偏远地区的农民，也可以分散授课。专家授课一般采用举办技术培训班的形式，专家讲技术要点，农民认真听，认真记。有条件的地方可以用多媒体教学，使授课的内容图文并茂，绘声绘色，通俗易懂。

（四）科技赶集

农闲季节，特别是春节前后，科技赶集成了送科技下乡的一种好方法。农村的集市上，拥来四乡八镇的求知致富心切的农民，他们利用赶集的机会，在集市上获取农业科技知识。图书馆要组织和聘请有关农业专家通过科技赶集散发农业科技资料，进行科技咨询，当场解答农民农业生产中遇到的技术难题。例如，在科技赶集中，图书馆聘请的有关农业专家有的制作一些宣传农业知识的图文并茂的画板，有的把农业新品种的栽培技术制作成电视录像片在集市上播放，有的带来优质、高产的农作物新品种在集市上宣传，这些方式都是农民喜闻乐见的。

（五）科技示范

抓农业科技典型，发挥农业科技典型的示范作用，在图书馆送科技下乡工作中显得尤为重要。图书馆要选择具有示范带动作用的乡村作为乡村一级的科技示范典型；要选拔一批科技示范户作为联系点定期挂钩联系；有条件的图书馆要帮助农民建设农业科技示范区。例如，有的图书馆选派工作人员包乡包村，并和科技示范户结成对子，明确责任，落实科技服务任务，这种方法效果十分明显。

（六）借助媒体

借助媒体主要是指图书馆借助期刊和新闻媒体迅速传播农业科技知识。第一，编印农民需要的科技刊物。近年来，一些图书馆结合实际编印《农家科技信息》《农业科技知识》等刊物，寄送到广大农民手中，产生了很好的经济效益和社会效益。第二，借助短视频传播农业科技知识。图书馆根据短视频平台的要求注册账号，上传具有权威性、法律性的资料，完善账号认证。可以根据短视频内容制作不同风格的封面，通过同类标签、合辑展示的方式呈现其内容，使农民能根据自身的喜好进行针对性的获取和观看。同时，图书馆也可以借助短视频平台开展相应的农技大赛，事先进行活动的推广和宣传，对整个活动过程进行跟踪报道，将优秀作品和获奖作品录制成短视频，利用网络平台进行宣传。在短视频制作过程当中，需引进先进的 VR 虚拟现实技术，根据要求录入数据，生成相应的环境或场景，使农民能通过网络渠道感受农业科技的力量。也可在短视频中融入 AI 虚拟主播，根据推荐、阅读、展览、讲座、活动等不同需求进行播报，构建立体化的图书馆虚拟空间形象。全面提升农民的体验感和参与感，有效拉近农民和图书馆的距离。

（七）项目策划

发展高效农业必须有市场前景好、经济效益高的农业项目。图书馆工作人员要为农民和农业企业发展农业项目当好参谋，搞好项目策划。在项目策划中要认真做好以下几项工作。一是调查研究。通过开座谈会、电话联系等形式，了解农民和农业企业迫切需要发展什么样的项目。项目的选项要准确，有前瞻性，有较高的科技含量，符合市场和用户需求。二是帮助农民和农业企业拟写农业项目的可行性研究报告，并通过专家论证。三是在农业项目的实施过程中要做好技术指导。四是要为所策划的项目提供市场需求信息，帮助企业拓宽市场销售渠道。

（八）联合作战

图书馆送科技下乡是一个系统工程，需要各有关部门的密切配合，联合作战。图书馆可以和共青团、妇联、科协等群团组织联合送科技下乡，也可以和大专院校、农业科研单位和农业科技企业联合为农村和农民发展经济解决技术上的难题，单个图书馆的力量是有限的，各群团组织联合起来力量是巨大的。图书馆开展每一次送科技下乡活动，需要哪个部门参加、需要哪些农业专家参与，要提前联系和聘请，使受邀对象能有充分的准备。图书馆要有计划地、经常性地组织送科技下乡的活动，变送科技下乡为常下乡，使送科技下乡的工作人员成为广大农民的良师益友。

图书馆送科技下乡的方法还有不少，有的是选用一种方法，有的是多种方法并用。无论采取哪种方法，都要打有准备、有把握之仗，都要务求实效，务求给广大农民带来更多的实惠。

第三节　图书馆文化下乡：延续乡村文化发展脉络

一、文化下乡的缘起

“文化”在中国的汉语古籍中，指的是文治与教化两个方面，与原始意义上将文化解释为土地耕种和植物栽培的意思不同，并有广义和狭义之分，广义的文化是指在社会生产的实践过程中人类能够直接或间接获取的物质、精神财富两方面的生活能力。它是一种历史现象，每一个历史阶段的物质文化和精神文化是相适应的，并随着当时社会生产力发展的状况而发展。生产工具的革新，科技发明的进步，使生产者的文化教育水平、基础科学知识、文学艺术在当时社会的普及状况，成为衡量这个时期文化水平高低的重要标准。狭义的文化指社会的意识形态，包括自然科学、科学技术等精神产品以及社会意识形态的精神生产能力。有时候又用“文化”一词指代体育、卫生等方面为主要内容的知识，用这种方法将文化与意识形态的道德等区别开来。文化的发展具有历史的继承性，新的文化总是在吸取和利用旧文化成果的基础上而逐渐形成的，而先进的文化一定程度上能够推动政治、经济、社会的发展。

所谓乡村文化有别于城市文化，它是文化发展中的另一重要类型，范围只局限于农村社会。但这并不是在否定构成乡村文化中其他产业的产品，而是强调运行在自然经济发展轨道上的农业是整个农业文化发展演变的物质基础和主导。乡村文化可以粗略地划分为农村地域文化和农村乡土文化两个层面：农村的地域文化是与城市文化差异较大的外在特征，是乡村文化的衍生基础，也是生产生活方式的外在表现，包括农村的自然风景、地域风貌、建筑风格、民俗工艺等方面；农村的乡土文化是不同于城市文化的内在凝聚，是乡村文化的载体，是贴近农民生产生活、喜闻乐见的传承载体，包括民族习俗等。在以农业经济为立足之基的中国，农业的生产节奏与人们生活的节奏息息相关。随着民族的产生，文化又具有民族性，通过民族内部聚居形式的发展，并受到不同地理位置、地貌环境的影响，形成了各个民族所特有的传统文化。

由于乡村文化的发展没有得到重视，造成农民娱乐生活单调、精神生活空虚，加之农村原有文化基础的薄弱严重制约了乡村文化生活质量的提高。清华大学的魏杰教授提到，这种以非自我发展为基础的乡村文化，往往需要在外部力量的帮助下实现内部的演化，如外部的援助。而发展乡村文化最直接的方式便是为农村供给所需的文化产品，满足其精神文化生活的需求，即文化下乡。

二、图书馆文化下乡的主要内容

由于乡村文化没有得到足够的重视，且缺乏应有的发展资源，导致农民在农闲时节无所事事的空虚状态。所以，统筹城市与乡村文化的均衡发展、满足农民的精神文化生活需要，是城乡一体化发展的一个重要组成部分。有意识地向农村输送现代化文化产品，是实现城市与乡村两大社会系统文化均衡发展的最有效途径。文化下乡——向农村输送文化，开启了改善我国农村业余文化生活的序幕。文化下乡就是文化艺术工作者上山下乡、送文化上门，通过输送制度、基础知识普及等方面的书籍下乡，向农村输送先进的文明成果为农民服务。

在文化下乡的过程中，国家图书馆为了解决贫困地区的农民群众看书难，基层政府财政紧缺多年来没有钱买书，藏书匮乏，图书室（馆）读者稀少，难以发挥应有的作用而提出了送书工程，并对下乡书籍的选择与接收图书的图书馆做出了条款上的限制。下乡的书籍涉及农村政治、经济、法律等各方面生活，一定程度上能够解决农民农闲业余生活的空虚，农民对书籍的要求得到了满足，农民的文化素质也得到了提高。

三、图书馆文化下乡中服务提升路径

为满足乡村地区广大群众的阅读需求，推动“文化下乡”活动的广泛开展，各地区图书馆积极开展文化下乡。在图书馆文化下乡活动方面，黑龙江省齐齐哈尔市图书馆进行了一系列探索，通过与自身工作特点相结合，总结出了具有特色的图书馆服务文化。文化下乡工作把党和政府的温暖送到了农村，把农业科技信息送进了千家万户，受到了当地领导和群众的热烈欢迎和好评。下面就结合齐齐哈尔市图书馆工作经验，谈谈图书馆文化下乡活动开展过程中的服务方法。齐齐哈尔市图书馆党政领导非常重视文化下乡工作，成立了“文化下乡服务队”，深入齐齐哈尔市所属 7 区及附近县的各乡、镇、村进行走访调研，根据每年农业发展需要，开展了丰富多彩的文化下乡服务活动，收到很好的效果，受到了上级有关领导部门的肯定，连续多年荣获黑龙江省图书馆为经济建设服务十佳课题项目奖、齐齐哈尔市“三下乡”先进集体、市“科普之冬”先进集体金桥奖等多种奖项。

（一）农业书籍是开展文化下乡服务的基础

图书馆藏书建设是发挥文献信息职能的物质基础，没有一定数量和质量的农业藏书就不能很好地为农民服务。丰富的图书资源是为读者提供服务的基础，图书馆为农业服务，必须有丰富的适合各层次农业科技人员利用的书刊资料。图书馆必须根据本地区农业生产的需要、读者的层次水平，既要考虑现实利益，又要照顾读者的未来性、知识的宏观性和信息的时空性等，增加农业科技书籍和确立期刊，从而奠定了为文化下乡服务的物质基础。

（二）建立图书分馆、流通站，拓宽服务领域，提高图书流通率

要做好文化下乡工作，只有领导重视还不够，图书馆人员要有为农业服务的意识，想农民之所想，急农民之所急，把文献信息及时送到农民的手中，深入开展“文化下乡、文化兴乡、文化驻乡”活动。10 年来，齐齐哈尔

市图书馆先后在梅里斯区哈拉新村、龙沙区的大民村、富裕县富海镇等村镇建立农村图书分馆、流通站10多个，送去农业科技、人物传记等图书、期刊10余万册，为远离图书馆的读者，尤其是农村读者，利用图书馆创造了有利条件，缩短了图书馆与读者之间的距离，拓宽了图书馆的服务覆盖面。变过去的“守株待兔”式的被动式服务为“送书上门”式的主动服务，变过去的为人找书为“为书找读者”，提高了图书流通率，如S类农业图书，在图书馆很少有人问津，利用率很低，图书馆在农村建立图书分馆，把这些书送到农民手中，通过开展丰富多彩的读书活动，让农民参与进来，从而不断提高农民的文化素质和靠科技致富的意识，抓好农村特色文化活动，促进特色文化发展。

（三）编印《信息荟萃》，帮助农民脱贫致富

科技信息资料是联系图书馆和广大农民读者的一座桥梁。为了提高信息的利用率，只靠原始文献服务，已落后于时代发展的需要，必须将繁多的信息加工整理、浓缩、筛选成二次文献，缩短与读者利用的距离。10年来，齐齐哈尔市图书馆共编印《信息荟萃》30多期，发放30余万份到农民手中，同时，还根据农时需要，随时增加新内容。第四届中国绿色食品博览会在齐齐哈尔召开，图书馆组织人员编制了专题《信息荟萃》，内设“绿色天地”“市场扫描”“农产品加工”“项目快报”等几个栏目。在为期5天的绿博会展览期间，免费发放《信息荟萃》760份，一位农民朋友看完《信息荟萃》后激动地说：“太好了，这正是我们想要的信息，你们为我们送来了及时雨，实在是太感谢了。”

齐齐哈尔市图书馆在保证农业科技书刊重点选购的同时，为了体现服务活动的实效性，工作人员不辞辛劳，充分利用计算机、扫描仪、摄像机、数码相机等现代化设备，把农业科技资料制作成数据库光盘、VCD光盘和电脑软件等，大大提高了服务效率和服务质量。在文化下乡服务期间，图书馆获悉“玉米大双覆”“绒山羊”是全省的推广项目，就立即派人从外地购来录像带，又组织力量翻阅馆藏文献资料，进行筛选、浓缩，编辑成二次文献，适时深入梅里斯八个乡镇、昂昂溪三个乡推广。并在春耕前，把科技录像和文字资料送到了农民手中。农民学到了先进的科学技术如鱼得水，打开了科技致富的大门。外地市县图书馆闻讯也纷纷来函索取，用户纷纷上门咨询，在

近一个月时间里，推广“玉米大双覆”资料650份，“绒山羊”资料189套，录像带6盘，收资料费3000多元。年底信息反馈了回来，采用“大双覆”模式栽培的玉米比往年增产了近一倍。这次实践使齐齐哈尔市图书馆既取得了社会效益，也取得了一定的经济效益。这些活动，真正地落实了“三个代表”的重要思想，想老百姓之所想，为老百姓送上了最好的新年礼物，将最全的农科知识、最新的农科信息送到了农民的手中，难怪他农民朋友喜笑颜开，纷纷赞誉道，这些东西为他们带来了信息、增长了见识，真是“雪中送炭”。

（四）开展多层次、全方位、多类型的服务活动

图书馆开展文化下乡工作，离不开多层次、全方位、多类型的宣传教育活动。目前，在文化下乡工作中采取的方法很多，如组织科技咨询报告会、印发科技资料、放映科技录像、VCD光碟、开展课题跟踪服务、利用集日发布科技信息、开办科技培训班等，总之，图书馆在文化下乡服务中，虽然不能完全充当主力军，但是，完全可以当好二传手。10年来，齐齐哈尔市图书馆凭借自身特有的优势，着力为市农业生产资料加工企业、农业科研单位与广大农民三者间的相互沟通搭建桥梁，力求使农民得到实惠、农业科技得到推广、农资企业见到效益。图书馆在文化下乡服务中，先后深入富裕县、拉哈镇、梅里斯区哈拉新村、雅尔塞镇、昂昂溪区榆树屯乡、水师乡水师村、大巴虎村等5个县（区）10个乡镇村为农民服务，聘请农业科技专家授课2次，展出图片10次2000多张，播放科技录像10场20盘，发放《信息荟萃》600多份，开展科技咨询700多次，推广农业实用技术资料15项500册，还先后在梅里斯区哈拉新村、雅尔塞镇昂昂溪区水师乡大巴虎村建立农村图书分馆2个，每月定期给他们更换图书，提供科技信息，真正实现了“文化下乡”的目的，深受广大农民朋友的欢迎。

第四节　图书馆卫生下乡：提高农村卫生健康水平

一、卫生下乡的缘起

“卫生”一词，最早出现于《黄帝内经》中的《灵枢经》，也有一些人认为“卫生”一词来自古希腊神话“hygeian”，她是古希腊神话中象征着健康的女神，西方学者大都将“hygeian”解释为“卫生”或“卫生学”。就中国传统文化意义中的“卫生”二字来说，“卫生”典出于庄子的《庚桑楚》中“卫生之经”，其中有“南荣曰：殊愿闻卫生之经而已矣”。晋代的郭象、唐代陆德明等均沿引了晋代李颐《庄子集解》：“防卫其生，令合其道也”的解释。从古代的典籍中可以看出，“卫生”在中国传统医学语境中有“保卫生命，维护身体健康”的本义。在当代的医学典籍《中国医学大辞典》中，卫生的表述为“防卫其生命”，可以理解为个人和集体在生产生活方面的卫生状况，即人们改善居住的生产生活环境以符合自身生理乃至心理上的健康发展才采取的措施。人类对保卫生命，维护身体健康要求的提高推动了卫生服务的发展，同时卫生事业的发展也是“以人为本”精神的体现。

农村卫生是相对于城市卫生而言的，按照国家卫生资源的分配以及城市在卫生方面的资金投入、城市居民卫生支出等方面来区分的。主要是对农村（社区）的居民提供一些涉及疾病预防常识、医疗保健知识、公共环境卫生等公共医疗服务产品。农村卫生可以概括为两大方面：农村的基础医疗服务和农村的公共性卫生服务。农村的基础医疗服务主要由县级医疗机构、乡镇卫生院、村卫生室（所）组成，属于典型的三级医疗网络。三者直接面向农民，提供诸如感冒等常见病或季节多发病等疾病的诊疗服务。[①] 不同级别医疗机构的服务是我国农村居民获得基础诊疗和身体保健的重要支柱。农村的公共卫生服务是以农民的健康需求为导向，建立在农民具有一定的社会共识基础上的，旨在保障基层农民身体健康和医疗发展基本所需的公共服务，如健康教育、优生优育等。

自我国农村实行家庭联产承包责任制以后，农民的温饱问题得到了解决，生活水平获得了较大提高，但农民看病贵、就医难的问题仍旧突出，由于缺乏有效的基本医疗健康保障制度，间接阻碍了建设小康社会的全面发展，影响着社会和谐稳定发展。[②] 正如许多研究调查发现的规律，一个国家居民的健康与否与国家在卫生资源的分配上联系紧密，无论这个国家的经济发展状况如何，能够获取卫生资源越多的人其健康状况也就越好。相反，拥

① 王小林．中国农村卫生事业发展的财政支持政策 [J]. 财政研究，2006（3）：44-47.

② 宋洪远．“十一五”时期农业和农村政策回顾与评价 [M]. 北京：中国农业出版社．2010：294-306.

有卫生资源较少，甚至缺乏卫生资源的人健康状况较差，这直接说明了国家在卫生资源上的分配和使用是决定一国居民健康状况的重要因素之一。健康是公民的基本权利，所以农村的卫生事业是中国卫生事业的重要组成部分，但是严重缺乏的农村卫生资源导致农民就医意识不强，造成有病难治的状况，可支配收入不足、没钱治病乃至治病返贫状况的恶性循环。卫生资源作为公共产品，由于供给成本较高，所以就必须以政府为主导来提供。通过“卫生下乡”将城市的卫生资源以援助方式补给农村的卫生资源，不仅有利于卫生资源在分配上的不均衡状况，而且有利于改善单纯依靠政府资金政策投入上的局限性。

二、图书馆卫生下乡的构想与实践

（一）图书馆可为农村医疗卫生及福利改善和发展服务

农村经济社会发展是解决“三农”问题的集中体现，要实现农村经济社会的可持续发展，要增强农村自我发展能力，提升农村人力资本存量，消除农村贫困、改善农村福利是必然选择。政府公共卫生资源向农村倾斜，提高公共卫生资源对经济社会发展的贡献，有助于提高农村福利水平，服务社会主义新农村建设。政府在新增投入农村的公共卫生资源时，应更多保证公共卫生服务，提高资金利用效率。

政府组织部门机构结对帮扶活动，是防止“因病致贫、因病返贫”的方法之一。图书馆可就此提供多种信息服务，包括指导帮助建立农家书屋等，不但提供流行病、传染病、地方病等方面的资料，也提供帮助农村在经济、科技、社会发展、提升农村人力资源、改善福利、消除农村贫困等方面的信息服务，加强资源建设。帮助农村建立医学服务方面的数字化网络电子资源，提供医学卫生方面的政策、知识、信息资源，改善农村医疗卫生服务。

（二）图书馆可参与农村医疗卫生信息服务网络化模式构建

1.构筑网络化综合性信息服务平台

（1）以各地级市政府卫生管理网站为主导，与基层市（县）政府卫生管理网合作，邀请社会各医疗卫生部门与图书馆联合，建立网络化的地区综合性医疗卫生信息服务平台。

（2）整合市、市（县）政府卫生网站，联合社会医疗卫生组织和部门，建立统一的卫生信息服务平台。由于能上网的农民不多，需尽可能保障每个自然村落建一个可上网的信息站。

2.图书馆参与建立多样化信息服务结构

一是医疗卫生知识资源整合与提供，如简单的疾病知识、防病知识，特别是地方病、易发病、老年病和儿童常见病等，另外还包括及时、早期发现疾病以及家庭常用药品和简单的急救处置方法等常识。二是医疗卫生机构信息资源整合与提供，包括市内各医疗单位的医疗项目、医学专家、医疗价格、联系方式以及药店的新药、特效药等，满足广大农民看病、治病的信息需求。三是国家和地方医疗卫生政务信息资源和医疗卫生方面的法律法规的整合与提供。四是网上远程咨询服务，主要是医疗卫生专家与网民之间利用电子邮件、BBS等网络方式进行非同步非实时性互动。

3.实施多元化运行操作模式

多元化运行操作模式，即公益性和商业化两种模式并行运作。前者由政府部门主导并负责维护和管理，同时还承担卫生政务信息资源、医疗卫生相关法律法规及地区医疗卫生部门信息资源整合与公益性提供等工作。后者包括发布个体或集体性质医疗部门的广告宣传信息和有偿信息咨询服务。这些农村医疗卫生服务模式，高校图书馆也可以参与构建，服务新农村建设。

（三）图书馆可帮助提高农村医疗卫生人才素质

健康和生产率密切相关，儿童期的健康影响儿童将来在学校和劳动力市场的表现；成人的健康与生产率关系更直接，生病和残疾会影响工作量，身体不健康的劳动者的劳动生产率显著较低。通过投资健康来改善人力资本存量和质量，提高人口素质、增加低收入群体福利，是促进经济增长的主要动力。疾病对人力资源的直接与间接损害，会导致“因病致贫、因病返贫”。健康对低收入的农民意义更大，农民赖以谋生和增加经济收入的最重要资源就是劳动力，劳动力资源的生产效率受健康程度和教育程度的影响很大。图书馆可提供预防医学、健康教育的知识服务，帮助减少农村人力资源损失。

缺乏人力资本是农村地区经济落后、贫困的一个主要原因，改善农村居民人力资本质量、数量水平，能够显著促进社会经济发展。市场经济下，追求利润最大化的私人市场无法让经济落后的农村地区充分获得基础卫生保健和基本临床服务，也无法为农民提供防范疾病风险所需的医疗保险。政府加以干预非常必要，政府加大农村地区的公共卫生和基本医疗服务的投资，能增加人力资本，减少疾病带来的直接损失，促进经济发展。图书馆应积极参与公共卫生事业。

例如，广东省加大对农村医疗卫生人才培养的投入，对农村基层医疗卫生人才开展继续教育培训。2017 年 9 月至 2019 年 1 月，图书馆与省卫生厅联合举办六期广东省农村卫生人才培训班，对粤西地区 266 所乡镇卫生院 800 名业务骨干进行了为期 3 个月的脱产培训，该培训班在卫生厅专家督导评估中被评为优秀等级，培训效果好。省卫生厅所举办农村卫生人才培训班，图书馆为培训农村医疗卫生人才提供医疗卫生专业的信息、知识服务，为广东农村基层卫生医疗事业做出了贡献。在这项事业中，图书馆购买了很多同当地的农村医疗卫生事业相关的医学专业书籍、期刊、教材、教学参考书、电子数据库等，就农村医疗卫生发展进行医学信息资源建设，加强引导农村医疗卫生人才对图书馆的利用，查找信息资料，使用医学数据库的培训，充分利用高校图书馆尤其是图书馆的各种资源，提高了农村医疗卫生人才的信息素养及医疗水平；加强循证医学研究，使当地医疗卫生高层次人才，能更好地研究所遇到的病例，取得新成果。例如，参训医生在为粤西农村的病人做诊断治疗时，发现一例新的皮肤病种，参考图书馆外文资料，在国外期刊发表了相关论文（英文版），使研究达到新的高度，如 2010 年 8 月，《中华皮肤科杂志》上发表了皮肤性病科樊翌明教授撰写的论文《国内首见真皮毛孢子菌引起皮肤感染一例》，《美国皮肤病学会杂志》（*J American Academy of Dermatology*）也刊登了该文（*Primary cutaneous trichosporonosis caused by Trichosporondermatitis in an immunocompetent man*），完整地报道了世界首例发现真皮毛孢子菌引起皮肤感染。

由于农村经济发展水平低，农村卫生服务构成中的一些不属公共卫生范畴如一些常见病和多发病的诊治，也可能因患者支付能力不足被排斥在享受医疗卫生服务范围外。政府干预农村卫生服务的公共政策应立足农村医疗卫生需求与能力特点，重点从资金上对农村卫生服务实施政策倾斜。增加品质优越、价格低廉、能够适应农村实际的卫生服务供给。政府应不断制定有利农村医疗卫生事业可持续发展的公共政策，解决农村卫生事业发展的突出问题，提高农村卫生服务能力。

为解决农民看病难、看病贵问题，可以通过更高端的技术，将医疗成本尽可能降低。图书馆具有信息资源和人才、技术优势，可针对医疗体制、医学科技进行书刊、资料、学科服务等资源建设，帮助政府管理人员、医疗卫生人才、科技人员和广大农村人民群众多了解和研究解决之道。

第四章　孵化乡村文化的暖巢项目——乡村流动图书馆

第一节　流动图书馆的基础概论

一、流动图书馆的定义

何谓流动图书馆？流动图书馆有狭义与广义之分，21世纪之前，我国学者对流动图书馆的定义偏向狭义，通常将流动图书馆等同于汽车图书馆。在我国早期介绍国外流动图书馆的编译文献中，“汽车图书馆（Mobile Library）是以装有书架和出纳桌等设备的专用流动书车（Book Mobile）作为交通和服务设施，将图书送至没有图书馆的地方（如远郊区和农村）供当地群众借阅的流动图书馆，由于它是定期沿着一定的线路到各服务网点进行巡回流动借阅服务的，所以又被称为巡回图书馆（Travelling Library）”。张海燕认为，狭义的流动图书馆专指汽车图书馆，是以汽车作为交通工具，定期为偏远地区的居民送书，其服务半径以500米内为宜。[①] 汽车图书馆自1912年产生以来一直是国外开展流动服务的主要方式。《图书馆学情报学词典》中流动图书馆的定义如下：流动图书馆（Mobile Library，Traveling Library，

① 支铁．关于在我国建立汽车图书馆与使用流动书车的设想[J]．图书馆学研究，1986（3）：17-20.

Container Library）是为远离固定图书馆的读者服务的方式，是利用某种运输工具（如汽车、火车等）装备起来的图书馆，可以任意移动，定期将图书送至各个工矿企业、机关、农场、学校、居民点，开展图书借阅工作，举办群众性的图书宣传活动。于良芝等学者认为，流动图书馆一般以流动图书车的形式存在，是根据用户需求和图书馆设置标准，利用车辆的机动性，在远离图书馆或交通不便的人口聚集区域定期提供服务的一种形式。根据所采用交通工具的不同来划分，流动图书馆还有诸如骆驼图书馆、流动图书船（艇）、流动图书箱、马车流动图书馆、火车流动图书馆等，如流动图书船（艇）就是指用船、艇来为居住在岛屿和海岸地区居民提供图书馆的服务，北欧挪威、瑞典、芬兰和丹麦等国家多采用这种服务形式。

2000年后我国学者对流动图书馆的定义则偏向广义方面。这是因为流动图书馆在我国的发展出现了新的模式。在我国，除了利用图书流动车定期定点地提供服务之外，许多图书馆选择依托固定的单位设立馆外流通点或分馆，即依托单位或分馆提供场地、设施和工作人员，而中心馆则提供图书资源、人员培训和业务指导等服务。张海燕认为，广义的流动图书馆，是指定期或不定期地为读者送书上门或在交通不便的偏僻处所设置的图书流动站中为读者办理流动借书业务等。刘钟美和张新鹤认为，流动图书馆有两种运作模式，基于个体的流动图书馆和基于合作的流动图书馆，两者的区别在于前一种是利用各种交通工具定期或不定期为读者送书上门，或在有特殊需要的地方设置图书流动站，而后一种是有固定馆舍、只是图书在流动中的流动站。黄悦深认为流动图书馆不局限于流动图书车，而是图书馆通过发展馆外流通点，开展图书流动服务这种实践模式的总称。潘燕桃将流动图书馆划分为图书物流模式、巡回流通点模式和固定流通点模式，并从服务地点、服务时间、服务范围、服务内容、信息资源、费用成本、工作人员和服务效益等方面对三种模式进行了比较。图书物流模式是由广东流动图书馆始创的，就是广东省立中山图书馆与书商、物流公司合作，进行科学规划、管理与控制物流，根据实际需要，物流公司把新书直接从书商处（供应地）运输、储存、装卸、搬运、包装、配送到广东流动图书分馆（接收地），这种模式兼具了巡回流通点模式和固定流通点模式的优点，同时又避免了巡回流通点模式和固定流通点模式各自的缺点。

综上所述，狭义的流动图书馆指的是采用一定的交通工具（最常用的是汽车）在固定地点，如学校、商场、企业、社区等地方开设服务点，定期定时在服务点停靠，为服务点附近的读者提供图书馆服务。广义上的流动图书馆应是巡回流通点模式、固定流通点模式和图书物流模式的总称。流动图书馆将图书带出馆，把服务送到读者身边，拉近图书馆与读者的距离，变被动服务为主动服务，对完善图书馆服务网点，普及图书馆服务有重要意义。

二、流动图书馆的历史及现状

（一）国外流动图书馆发展历史及现状

流动图书馆的服务模式首先出现在国外，其发展历史可以追溯到公元10世纪中叶波斯帝国的骆驼图书馆，已有1000多年的历史了。在欧美发达国家，流动图书馆出现得较早，一直受到社会及有关部门的高度重视，发展很快。19世纪中叶英国费林顿出现了马车图书馆。在美洲，1905年美国第一批有组织的流动图书馆服务开始出现在俄亥俄州和马里兰州。为了把图书馆的藏书推荐给公众，美国图书馆联合会（ALA）的主要创始人之一——拉瑟福德·伯查德·海斯（Rutherford Platt Hayes）在俄亥俄州创立了美国首家流动图书馆。1919年，明尼苏达州希比图书馆创建了汽车图书馆，服务于20个采矿小村和临时帐篷间，人口从200～2000人不等，有27个定期停靠的站点。1937年，美国有60辆流动图书车，到1965年，流动图书车数量增至2000辆。一个世纪以来，美国流动图书馆一直是图书馆一种重要的扩展服务形式。在加拿大，流动图书馆作为传播媒介为乡村或城市地区提供服务，目前仍在发挥作用的流动图书馆中，有建于20世纪40年代的1个，建于50年代的8个，建于60年代的4个，建于70年代的4个以及建于80年代的2个，是流动图书馆事业较发达的国家之一。

在欧洲的马耳他有世界最大的流动图书馆——“公仆”号巨型客轮，长130多米，船高相当于7层楼房。其建于1914年，隶属于德国非营利性慈善机构“好书共享”组织，周游世界各国。船上收藏有6000多种共60多万册世界各国的书籍，包括不少中文版图书。2000年10月，这个世界上最大的流动图书馆访问了我国南京。法国是图书馆事业相当发达的国家，为了使农村山区和人口稀少的边远地区的人们看到图书，法国于1921年建立了第一个汽车流动图书馆，到1981年，法国每个省都购置了流动图书车，很快又诞生了富有法国特色的婴幼儿流动图书馆、艺术流动图书馆、音像流动图书馆等共46种流动图书馆，都是用汽车作为流动图书馆的载体。法国富有特色的汽车流动图书馆说明法国的图书馆事业已经发展到了一个相当高的水平，不仅能够满足居民一般的图书借阅需要，而且服务面日益向个性化发展。瑞典第一个流动图书馆产生于1948年，第一批流动图书馆大部分是由一些运货车组成。1950年，瑞典开始在区一级图书馆采用流动书车。从1965年起国家规定新建一个流动图书馆可以得到政府资助的一半费用，1975—1983年，共有32家市立图书馆得到了这种国家资助，流动书车总数也由1971年的40辆猛增到1983年的128辆。由于经济原因，20世纪80年代政府资助停止，流动图书馆的数量有所减少，现仍有100多个流动图书馆。

在亚洲，日本的流动图书馆在20世纪40年代末50年代初产生，到七八十年代得到了普遍发展，90年代发展更加完善。有关资料显示，日本的图书馆大多设有流动图书馆，多则两三个。1981年，全国有流动图书馆591个，1996年3月，日本2336个图书馆共有流动图书馆近3000个。在陈展红的《日本名古屋：汽车图书馆》一文中对流动图书馆有如下描述："我们搬家了，离图书馆比较远，去图书馆看书借书就不方便了，不过我很快发现了汽车图书馆，那是几部专门做流动图书馆的汽车，在全市一百多个停车点巡回，我们住的小区就是其中一个停车点。按照报纸写的时间，这一天我来到了汽车图书馆停车的地方，这里真热闹，借书的还书的，人还真不少。"这篇文章发表于2004年，从这里看出，即使到现在，日本的流动图书馆仍发挥着积极的作用。泰国也是流动图书馆事业发达的国家之一，如曼谷的汽车图书馆共有7部空调大巴，每周5天，每天从早上9点到下午5点分别到35个点进行服务。每部车有图书、杂志、报纸和录像带等3000多册/盒。有时汽车图书馆还和当地的书店、流动医疗部门、社区政府部门一起联合举办活动。另外还有游艇图书馆，穿梭在湄南河和运河上，主要为水上流动居民服务。街头图书馆和流浪儿火车图书馆，主要为无家可归的成人和儿童提供图书阅读服务。

（二）中国流动图书馆的发展历史与现状

中国流动图书馆的发展历史可以追溯至清朝光绪年间。在张书美、刘劲松的《近代中国巡回文库与平民教育思想探析》一文中有这样的描述：“最早在光绪十七年（1891 年），工部局预算案付于纳税人年会讨论时，下列的修正案由波唐（Pur-don）的提议和华尼莱脱（Wainewright）的附议经通过，‘预算表中上海图书馆的补助费应增至六百两’。在建议这项修正案时，波唐就提出：假如增款通过增给，他建议该图书馆应在各个警务署举办‘免费的巡回文库’（‘free circulatingli-braries’）。后来，纳税人年会通过了工部局的预算案，上海图书馆便开始了巡回文库服务。”[①] 这也许是中国流动图书馆的雏形。到了民国时期，巡回文库——早期的流动图书馆有 30 多所，当时最有名的是河北定县的巡回文库。定县巡回文库的数目在 12 个左右，式样是划一的，每个文库高八寸七分，长一尺二寸三分，横六寸二分，门板上写有“定县同学会巡回文库”字样，外形力求坚固，轻便、美观、实用、经济。当时的巡回图书馆既有陆路也有水路，陆路多在北方，以车马为主，水路多在南方，以船为主，服务于水上人家。后来由于战争的原因，巡回文库也就停办了。

虽然中国流动图书馆起源较早，但真正意义的流动图书馆规模与国外相比相差甚远。到了 20 世纪 80 年代，图书馆事业得到了长足的发展。为了扩大读者覆盖面，补充图书馆服务网点的不足，文化部图书馆事业管理局从 1985 年起开始有计划、有步骤地发展流动图书馆，并采取了一系列措施加以推动，鼓励有条件的省市兴办流动图书馆。1985 年，武汉图书馆率先建成第一家流动图书馆，其后几年，流动图书馆在全国得到了较大发展。1989 年底，全国汽车图书馆已发展到了 176 个，1999 年达到 300 个。2000 年 11 月 3 日，广州图书馆用 90 万元财政拨款购置了一辆豪华大客车代替运行了 13 年的东风大客车，并在新车上率先采用计算机借还书，成为全国造价最高，性能最好，设施最先进的流动图书馆，它的启动成为我国流动图书馆发展史上一个新的里程碑。目前，广东省是我国流动图书馆建设与服务最为完善的地区。

---

① 张书美，刘劲松．近代中国巡回文库与平民教育思想探析 [J]. 图书馆研究与工作，2008(2)：61-63，75.

2004年初，东莞图书馆启动了图书流动车服务工程。在发展之初，东莞图书馆利用原有资源，将仅有的一辆旧面包车改造成了最初的图书流动车，改装后的图书流动车可以装载图书1500册。2004年3月14日，图书流动车首次驶入东莞市文化广场，开展为读者办理借书证、图书借阅、预约登记、解答读者咨询等服务，吸引了大量市民前来咨询和借阅。2007年11月，由共青团甘肃省委、省青年联合会、甘肃省兰州市图书馆联合建立的首批“进城务工人员流动图书馆”，深受广大进城务工人员的喜爱和欢迎。2008年，兰州市图书馆又于4月底在社区新建8个流动图书馆，其中4个是进城务工人员流动图书馆，4个是青少年流动图书馆。中国流动图书馆有自己的特色且形式也是多样的：有专门为进城务工人员服务的，如兰州市图书馆联合建立的“进城务工人员流动图书馆”；有专为士兵服务的，如深圳盐田区的“军营流动图书馆”；等等。2008年5月23日，贵州省流动图书馆启动仪式在省图书馆举行，流动图书馆建设项目以省图书馆为龙头，县图书馆为支撑，将在5至10年内形成辐射乡村最基层群众的新型服务网络。

三、流动图书馆服务内涵与特点

（一）流动图书馆服务的内涵

1.服务理念的延伸

要想更好地为群众服务，首先要延伸服务理念。只有摒弃守旧的服务理念，积极创建符合时代需要的新观点，服务空间才可以得到延伸，服务的内容才会多样化，受众才会获得更多的便利，获得更多的服务体验。要实现以读者为主的观念转化，以广大读者的需要为依托，对服务策略进行整合。传统图书馆一般在星期一闭馆，以便对其内部加以整理，这却给真正有需求的读者造成了困扰。为解决这种情况，流动图书馆独创了“错时”的形式，也就是避开闭馆时间，解决了读者在图书馆闭馆期间不能享受公共文化服务的问题。这一政策实施以后，受到了广大读者的一致好评。

2.服务空间的延伸

密集的图书馆系统把图书送到群众身旁，可是假如离开了自动化、信息化的传导，一个个的图书馆就会被孤立，由于地理位置及资源分配等因素的制约，图书馆的服务职能就不能得到充分发挥。流动图书馆用现代化科技把所有分馆联系起来，使各种信息真正实现了资源共享。读者在任一网点均可便捷地对全区信息一目了然。伴随服务空间的网络化，服务环境也转换到了“虚拟空间”。多媒体科技实现了传统图书馆向“泛在图书馆”的转变。流动图书馆将大量精力放在数字图书馆的创建中，先后引进了数据库，为广大读者提供一站式检索以及信息获取服务，并不收取任何费用。因此，读者无论置身何处，只要登录其网站，就可以把各种资源尽收眼底，手指一动就能轻松获取所需信息，使广大读者可以在广阔的知识海洋中尽情遨游。

3. 服务群体的延伸

目前，我国图书馆服务系统全覆盖活动正在积极进行中，这是图书馆为广大人民群众提供人人均等的各项服务项目的基础，强调图书馆在面向全体大众开放的基础上要特别照顾弱势群体的权益。可是，其延伸功能并不能为弱势群体提供相应的保障，馆内馆外的各种不利情况都给弱势群体充分享受图书馆提供的服务项目带来难度。诸如残障人士能不能顺利抵达馆内，沟通不便以及有学习困难的读者会不会产生被排斥的情绪，读者是否拥有强大的自信心可以享受图书馆提供的服务产品，等等。

（二）流动图书馆服务的特点

1. 流动性

汽车图书馆的设计以满足基层群众的需求为出发点，这种形式的图书馆应广泛推广，尤其是城市以及区级文化部门，利用汽车图书馆可随时随地为乡村地区农民服务。流动图书馆与传统图书馆相比较，最主要的区别在于流动图书馆对知识信息的传播较为灵活和便捷。由于基层图书馆的建设正处于初步阶段，存在着资金不足、资源不足等问题，在服务上存在着一定的阻力和潜在的困难。而流动图书馆这种资源共享、互通有无的服务方式，保证了知识资源的常换常新，也可以更好地满足农民对知识资源的需求。

2. 便利性

《图书馆服务宣言》中曾经写道：“在管理和服务当中，图书馆表现出人文关怀，其目的在于通过图书馆来降低弱势群体的困难，为所有读者提供便民化的帮助”“图书馆的服务要做到专业、高效、优质。”在现代先进技术的前提下，图书馆需要不断提升数字资源的使用效率及供给功能，凭借现代先进的服务来满足时代的发展需求。图书馆面向社会共同分享信息资源，全国各地不同种类的图书馆相互协作，使信息资源得到充分的利用，知识大门就此而敞开，它还可以利用信息的保存、收集等活动实现传播知识、传承文化的社会作用。

现代流动图书馆的理念是向社会全面开放，将保障公民文化权益，减小文化素养鸿沟作为任务来完成。从个人的角度分析，流动图书馆的目标是保障及完成读者的查阅权利。总之，所有的便民性服务活动的进行，都是图书馆作用的表现形式，活动的开展使有限的便民服务得到了更好的沉淀。流动图书馆的建立，是为了将便民服务做得更好。一方面，针对流动图书馆的开展，设计新的服务系统，在各种层次、各种类型的图书馆之间建立协调统一的配套服务机制，使图书馆的服务网络功能得到拓展，服务质量得以提升，服务制度更加完备，服务范围实现全民共享。另一方面，一切从读者的实际需求出发，最大限度地减少读者往返流动图书馆及到馆后的查阅时间。其服务体现目的就是要保证农民都能就近便捷地使用流动图书馆的基础设施，从而实现流动图书馆的全覆盖。

3. 针对性

21 世纪是信息时代，终身学习将成为社会发展的必然趋势，那么，优越的学习环境及大量的学习材料成为人们的必需品。因此，21 世纪的人们将其作为最理想的学习场所。

（1）针对乡村居民的需求。

流动图书馆针对乡村居民的需求，成为居民身边的图书馆，馆藏资源丰富多样，能满足各层次居民的需要。图书馆中拥有现代化的先进设备，如计算机、视听装置、文献缩微等，这些设备的使用，使图书馆之间（国家、省、市、区及社区流动图书馆）实现了互联，因此，乡村居民利用流动图书馆就能获得其他各馆的馆藏资源，实现资源共享，满足学习所需。

（2）针对现代乡村文明建设。

目前，怎样增强乡村精神文明建设已成为重要课题，其基础措施为乡村文化的建设，且在创建学习型社会的过程中，乡村文化的地位及功能正稳步提高。图书馆是乡村的中心（文化、交流），大量的工作有待完成。采用多种形式向乡村居民输送有利信息，贴近农民生活，关注日常需求并及时解决，进一步形成乡村特色服务，把农民从家中吸引出来，使流动图书馆成为他们喜爱的文化娱乐场所。

第二节　乡村流动图书馆的建设模式

一、乡村流动图书馆的建设原则

（一）宏观建设原则

1. 确定目标要求

乡村流动图书馆作为文化新生事物，要确定建设的目标要求，坚持新发展理念，促进农村地区基层文化服务体系的建设和完善发展。在小范围试点的基础上，扩大建设，直至大面积推广，为农村地区经济和文化建设提供文献资源保障，协调各相关部门，动员全社会的力量大力普及建设乡村流动图书馆。乡村流动图书馆应从馆藏资源、服务质量、规范管理等方面着手。精心组织馆藏资源，使组织的藏书体系与农民群众的实际阅读需要相匹配，使图书文献的利用率达到较高的水准；把“为读者提供更好的服务”的理念融入日常工作，时时处处保证服务到位，使农民群众的满意度达到较高；制定严谨规范的管理制度，为乡村流动图书馆的建设保驾护航。

2. 深入调研

建设乡村流动图书馆之前，要做好深入细致的调研工作。深入农村各乡镇、村落和农户家中，对要服务的地区农业发展、农村生产、农民生活，当地种养植特点、自然气候、地理环境等人文地理因素进行研究，充分了解掌握农村地区不同的发展重点，有针对性地建设符合当地阅读要求的乡村流动图书馆。根据重点不同，制订不同的计划，建设不同风格的乡村流动图书馆。

3. 强烈的服务意识、坚定的奉献精神

乡村流动图书馆的建设必须以强烈的服务意识和为丰富农村地区物质文化生活奉献的社会责任感为精神制约。我国农村人口受教育程度普遍偏低，文化水平有限，接受农业技术知识的能力不足，可能会出现很多阅读或是学习上的障碍，需要图书馆工作者付出更多的工作量、工作时间和精力。乡村流动图书馆的建设思想以为农村人口服务、实现科技兴农为指导，是一项需要长期坚持的艰苦工作。在农村流动图书馆的服务工作中如果没有足够的耐心，缺少坚定的奉献精神，不能树立正确的服务意识，是不可能真正为农村读者服务好的，乡村流动图书馆就会失去其建设和存在的意义。

4. 以人为本

乡村流动图书馆的建设要坚持以人为本的服务理念，始终把为农民群众服务、满足其文化需要作为服务活动的出发点和落脚点。以是否有利于农民群众的文化生活、思想水平和身心健康的提高作为评价及判断乡村流动图书馆服务质量优劣的标准。只有以乡村流动图书馆的建设为先导，贯穿以人本思想为主线，开展以人性化服务为手段，组织适应农民群众需求的服务活动，才能成就乡村流动图书馆的建设宗旨和使命。

5. 政府支持

乡村流动图书馆的建设需要强调政府资金支持在其建设过程中的作用，由省、市一级主管部门统一拨发一定金额的专项资金，用于乡村流动图书馆的各项规划建设。无论以何种模式建设乡村流动图书馆，组成馆藏时除上级图书馆下拨的书刊资料外，馆藏中都应自主配有必备的图书文献，购置这一部分图书文献的资金应当以省、市财政拨款的方式给予保证。当省、市级财政无力全部承担此项经费支出，特别是西部经济欠发达地区，乡村流动图书馆建设资金应由省、市和国家财政共同承担。在国家逐步加大对农村地区文化事业投入的情况下，考虑将建设乡村流动图书馆所需经费纳入政府文化事业规划是有其必要性的。例如，广东省，由省财政每年下拨 500 万元专项资金用于流动图书馆的建设，解决乡村流动图书馆建设经费不足的问题。

6. 统筹规划

乡村流动图书馆的建设应由一个或几个实力雄厚、具有完备管理经验的“龙头”图书馆统筹联合，协调建设。在建设之初，采取试点建设的方式，在试点成功的基础之上，以县、镇等为单位有步骤、有计划层层推进，逐步推广，实施分批次建设的要求。建设时，不能只考虑数量上的增长，要重视建设质量，保质又保量地建设乡村流动图书馆才能真正发挥其服务广大农村人口的目的。乡村流动图书馆建成之后，在做好基层调研的基础上，按照农民群众的实际阅读需要，按比例安排采购适合当地人阅读的书籍刊物，为了保证投入的经费可以做到最大限度地使用，各个流动图书馆在采购图书文献时要有侧重点，使图书文献在各流动馆的循环流动中避免重复，减少浪费。按照牵头图书馆及下属各级图书馆的等级设置不同级别的乡村流动图书馆，采用各个级别流动馆可以做到的各种服务形式，把农村读者需要的农业科技文献资料和喜闻乐见的读物送到他们身边。实现牵头图书馆与乡村流动图书馆之间的文献资源共享，统筹合理安排使用图书，使其为更多的农民群众使用。

7. 以合作为基础

乡村流动图书馆的建设建立在各个图书馆合作的基础上，以各馆文献信息资源的共享为目标。不但“龙头”图书馆与各个乡村流动图书馆之间是共享资源的合作关系，各个基层乡村流动图书馆之间也是合作共享关系，通过文献资源的循环流动方式建立各级别馆之间的联系，使不同农村地区，无论人口多寡、经济贫富，都享有同等的文化资源，引导各地均衡协调发展，共同进步。在合作与共享机制的配合下，完成图书文献最大限度地流动利用。

（二）微观建设原则

乡村流动图书馆的建设原则从微观角度考虑是具体的建设条件和实施方案。

1. 基本建设条件

正确选择地点。地点偏远，距离乡镇位置较远的地区，交通不发达，农民群众到图书馆的机会很少，读书难的问题突出，这些地区是建设乡村流动图书馆的首选。

选择适合的工作人员。乡村流动图书馆的工作艰苦，要选择有责任心、吃苦耐劳、专业技术过硬的图书馆人员作为乡村流动图书馆的工作人员。

有一定的人气。乡村流动图书馆的服务是为了方便农村人口，需要选择人多密集或者人员大量集散的地点，保证有足够数量的读者群，使图书的利用率提高。

配备硬件设施。要有一定面积的屋舍，相当数量的藏书，专职或兼职的工作人员，固定的资金投入。

保证流通时间。乡村流动图书馆必须保证每周和每日有充分的流通开放时间，使农民群众能够在劳作之余利用藏书资源，实现阅读的需要。

2.保证文献资源配置

由制定部门统一采购书刊文献，实行统一编目管理，统一分配。每个乡村流动图书馆分配一定数量的文献资料，以不同规律和方式进行循环流动，如按地区循环，按耕作性质循环等。市、县图书馆已有馆藏资源中适宜农民群众阅读的书籍拨调乡村流动图书馆使用，撤出年代久，不符合与时俱进原则及残损的文献，保证图书数量和质量上的一致性，实现资源共享。整合现有资源与新购置书刊文献组合成为乡村流动图书馆的馆藏配置，精选适合农民群众阅读的刊物。

3.实施文献资源管理

当图书文献调配流动至乡村流动图书馆，调配方与接收方移交文献时，应以书面形式做好清单保存。要做好书目校验清点、入藏登记工作，实行专人管理。各类型文献资源单独排架借阅，对每日流通量、借阅量、读者人次做好记录统计工作。定期流动结束，书籍文献流动出乡村流动图书馆时，接送书籍的双方按照清单办理移交手续。各馆之间定期交流，总结经验，相互扶持，共同发展进步。

4.建立定向定期流动制度

乡村流动图书馆必须做到馆藏资源的定期定向流动，保证每批文献的流动频率，使整个循环系统畅通，才能使文献资源发挥更大的作用，让农民群众不断看到更多新的书刊，掌握更多的新知识、新技术，提高利用率。制定图书定期定向流动制度，规定流动时限、流动方向、流动原则。以某一个乡村流动图书馆为循环起点，实行图书依次轮换流动，从这个流动图书馆流出，全部文献流动传递一次之后，最后再流动回这个循环起点，完成一个循环流动过程。可采用大流动与小流动结合的形式，以市、镇为单位进行大批次图书流动；以村为单位在市、镇之内进行小批次流动。当各个小批次流动完成之后，实行市、县间文献大批次循环，之后进入下一轮流动。各批次书刊在内容和类别上都存在差异，进行大批次流动可以做到图书内容的更新量更多，避免重复文献的出现，使馆藏文献都流动一次，农村读者可以享受到不同内容书籍带来的阅读乐趣。

二、乡村流动图书馆的建设模式

从总体上看，流动图书馆的发展中主要有总分馆制、私人办馆和联合办馆三种服务模式，这三种模式都各有其特点。

（一）总分馆制

总分馆制是指在一个城市或地区，以图书馆为总馆，根据需要下设分馆，由总馆进行业务培训和指导，信息资源全部归总馆统一调配，读者可以在任何一个分馆办理图书借还手续，总馆定期将书籍流动到分馆中的一种制度。这种模式便于统一管理，业务能够规范化操作，并保证服务长期稳定。

德国杜塞尔多夫市图书馆实行的就是这种制度。总馆下有 13 个分馆和一个流动图书馆，13 个分馆均匀分布于全市，流动图书馆以车辆运载图书服务于边远郊区地带的读者，以此保证全市公民都有平等享受图书馆服务的权利。日本流动图书馆在 20 世纪 40 年代末 50 年代初就已产生，到七八十年代得到了普遍发展，90 年代发展更加完善。以大阪市立中央图书馆为例，它有 23 个分馆，平均步行 15~20 分钟就有一个图书馆。日本在运载工具方面设计十分周到，有多家汽车株式会社专门生产型号各异、功能齐全的图书馆流动服务专用车，读者不用上车，由馆员打开汽车两侧的挡板，就可以直接翻阅书刊，十分方便。

广东省立中山图书馆流动图书馆建设也是采用这种模式，广东省文化厅对要建设流动图书馆的县级图书馆设立了具体条件：县级图书馆每年单列专项购书经费 5 万元以上，工作人员不少于 8 人，可提供面积不少于 120 平方米的阅览室作为分馆用地，具备专线上网条件，具备良好的馆容馆貌；每周至少 5 天以上开放至 21 点。这些规定都有利于保障流动图书馆模式的顺利运行。

（二）私人办馆

流动图书馆由于所需建设资金较少，完全可以由私人开办。除了财政和管理办法以外，由个人开设的流动图书馆，与政府开办的图书馆功能基本相同。而且私人办馆所受制约较少，运作机制灵活，能对居民的需求做出更快的反应，使得所开展的流动服务也更为灵活周到，更具有主动性的特点。

私人办馆在国外很盛行。这种办馆模式最早源于中世纪的私人藏书，主要是欧洲的一些学者为研究学问所收集、购买图书或是贵族阶层的一些爱书人士。当时印刷术还没有传入西方，书籍只能用手抄写，成本和价格都很昂贵，收藏书籍也是一种财富的象征。这些藏书家或者是为了与同行交流，或者是为了展示丰富的藏书，将藏书开放以供他人阅读利用，这就是私人图书馆的由来。这种个人的行为很快就为他人所效仿，而且代代相传。意大利美第奇家族曾经建立一座在当时西欧很有名的私人图书馆，它既允许学者们利用其馆藏的文献资料，也允许其他藏书家到该馆抄写馆藏的珍本书。美第奇家族图书馆还是最先将印刷本图书搬上书架的图书馆之一。

我国私人藏书早在春秋战国就已出现，但是古代藏书楼以收藏为主，并不注重开放。国内目前私人办馆还处于一个初始阶段，一般以小型的图书室居多。不过情况开始得到改善，2002 年北京开始实施的《北京市图书馆条例》新增了一条内容："鼓励私人兴办图书馆并对其实行税收等方面的优惠。"2002 年 10 月，在上海第 5 届国际特许经营研讨会暨展览会上个人投资图书馆项目得到了许可。要求此项目的先期投入在 45 万元左右，其中电脑、防盗器、书架、书籍等费用在 35 万元左右。场地至少达到 300 平方米，先期房租加装修费、周转资金等约 10 万元。许多投资者都认为其投资门槛比展会其他项目相对较低，市场空间较大，具有可操作性。

（三）联合办馆

联合办馆是由图书馆和相关机构联合起来投资建设图书馆。这些机构包括社区机构、学校、企业、物业管理部门以及社会个人等。相关机构为其提供场地，图书馆协助提供资源与设备，政府文化部门派人管理，多方协作，分工明确。联合办馆是投资者为降低成本、共享资源而共同发起建立的一个新的发展模式。这种联合办馆开展的流动服务，更贴近所联合的单位、机构、社区，进行跟踪服务或直接为其决策提供服务，方便其职工的学习和培训。因此，这种服务模式正在受到重视。

1999 年，北京首家社区流动图书馆——中关村社区汽车图书馆开通，该馆由北京市少年儿童图书馆和中关村街道团工委联合开办，设有新书架、教育书苑、宝宝乐园等特色书架，拥有近万册图书。该馆同时把中关村地区的贫困学生和残疾儿童作为重点求助对象，免费为其办理借书证并赠予新书。2006 年，济南市文化局、济南市图书馆与中国重汽集团联合，启动济南市流动图书馆。该流动图书馆以中型客车为载体，配备开放式书架、活动式阅览桌椅及包括笔记本电脑、打印机、投影仪、监控等先进设备，组成了一整套自动化管理服务系统，可载藏书 300 余册，并采用无线上网等现代技术手段与市图书馆互联，实现图书的通借通还。在启动当天为中国重汽集团的员工开展了办证、借书服务活动。当场发放图书馆借阅证 300 余个、借阅图书 1000 余册，接待网上信息咨询服务 60 人次。

三、流动图书馆模式与其他服务模式的比较

（一）流动图书馆服务与馆际互借服务

流动图书馆究其本质是信息资源共享的一种方式，与同为图书馆信息共享服务模式的馆际互借做比较，分析其共性和区别，更能体现出两者实际应用的价值所在。

馆际互借包括所属图书馆为读者向他馆借阅所需信息资源和由其所属馆介绍前往他馆借阅信息资源两种形式。在这两种类型中，第一种以读者所在馆为读者服务；第二种是由读者自己前往。从读者的角度来看，其态度显然更为倾向于前者，不但可以节省自己的时间，而且由熟悉这种服务模式的图书馆出面进行协商解决更不容易出错。但是馆际互借的缺陷也十分明显，因为读者很多时候只是个人的借阅，图书馆也就不能群体性地开展这项服务，而且国际馆际服务费用过高，不是一般读者所能承担的。中国馆际服务目前主要在高校图书馆和科研图书馆之间开展的居多，对于以一般社会成员为主体读者的图书馆而言，并没有特别加以重视。

而流动图书馆是一种适合于一般社会成员的图书馆服务模式，它可以满足一般读者的阅读需求。图书馆之间的信息资源相互流动，弥补个别馆信息资源的不足，节省了定期购买信息资源的费用，对于资金不足的小型图书馆而言，不失为一个减少支出的良策。

从管理学上看，流动图书馆的服务模式明显借鉴了物流理论，在服务中选取最优化策略，图书馆的信息资源在流动的过程中总量虽然没有发生变化，但读者却可以接触到更多的资源，信息资源在无形中得到了增加。

（二）流动图书馆服务与图书漂流服务

图书漂流源于20世纪60年代的欧洲，因服务方法类似于中世纪的漂流瓶而得名。读者将自己拥有却不再阅读的书籍贴上特定的标签，标签上写有如“我是一本‘漂流书’，我不属于任何人，欢迎你阅读我，也希望您帮助我继续漂流”等文字，将这些漂流书投放到公共场所，如公园长凳、餐厅桌子、图书馆楼梯等，无偿地提供给他人阅读，拾取之人阅读后，根据标签提示再将其放到公共场所里，让他人再阅读这本书。图书在漂流中，就完成了信息共享的任务。2005年，中国图书馆学会联合国家图书馆和作协等单位举办了“春天漂流书”活动，拉开了全国图书漂流活动的序幕。2005年，上海市普陀区图书馆在“图书漂流”活动中两万余册图书被摆放在辖区内9个街道（镇）的图书馆、区政府大楼、电影院等公共场所。

图书漂流同流动图书馆一样，也是通过图书的流动来达到信息共享的目的。它与流动图书馆的主要区别在于，图书漂流并不依赖于图书馆的任何标准与协议，它是一种在读者间流动，基于道德诚信的公民素质而施行的信息共享，中间极少乃至不需要图书馆对其加以干涉，完全是一种自发的服务。图书漂流作为现今社会的一种新的阅读方式，灵活而富有人情味。但与流动图书馆服务相比，它的规模小，流动速度缓慢，无法限定其流动范围，随意性较大。

流动图书馆、馆际互借和图书漂流这三种信息共享服务的共性与特性如表4-1所示。

表4-1 流动图书馆与馆际互借、图书漂流服务比较

项目	流动图书馆	馆际互借	图书漂流
服务宗旨	信息共享		
管理方式	馆员管理，有规定的管理程序，属于图书馆服务模式		依靠公民素质，读者自发地行动，不需馆员参与
服务范围	地区间，往往在省市范围内进行	有馆际协议的图书馆之间进行，可以跨国服务	由其读者决定，没有特定范围
服务规模	大批量图书	少量的信息资源	无限定
实现方式	通过交通工具，也可运用网络	通过邮寄或是网络传送	由读者放置到公共场所
服务对象	在利用图书馆借阅服务方面有困难的社会弱势群体	对信息资源较高要求的读者	不限定读者，对图书无特定需求
服务性质	半定向、主动式服务	定向、被动式服务	不定向、主动式服务

从表 4-1 中可以清楚地看出，流动图书馆与其他图书馆服务或信息服务相比，因其施行的方法不同，它的多样性与灵活性更贴近基层图书馆的功能，且效果十分显著，特别适合于像中国这样幅员辽阔、地区差异明显的发展中国家。流动图书馆将馆际互借和主动式服务等图书馆服务特点融合在一起，它的优势显而易见。从国内外经验来看，越是在经济不发达的地区，就越能发挥其作用，也就越有其实行的必要性，其在中国的发展应具有相当大的潜力。在全国范围内建设流动图书馆，是改善基层图书馆服务的创新举措。它在整合信息资源、发挥图书馆整体优势、挖掘潜在读者、扶持社会弱势群体、改善社会风气方面将会发挥巨大的作用。

第三节 乡村流动图书馆的服务方式

一、乡村流动图书馆读者需求

通过对农村读者在文献内容、阅读形式、信息获得渠道及对文化娱乐方式的相应需求分析，可以全面了解农民群众对于乡村流动图书馆的需求，使乡村流动图书馆能够更好地为其服务。

（一）对文献内容的需求

调查显示，农民群众对于信息的需求比例为：种植业 52.47%，养殖业 4.31%，储藏加工 12.14%，农产品贸易 14.72%，综合及其他信息 16.36%。乡村流动图书馆可以针对不同比例，编印农业信息，集中介绍农业科技信息、致富信息、市场供求动态等方面的内容，供农民读者阅读学习；为读者提供最新农业生产、文化休闲类书刊，使丰富的馆藏资源及科技文献资料转化为生产力，丰富农民群众的文化生活；能及时准确地收集农民群众最急需的信息，提供更好的文献信息，形成良性循环，为农业生产、农民生活、农村建设做好服务工作。

我国幅员辽阔，物产资源丰富，全国农业主产品种、方式各有所不同，无论特点为何，从事农业生产的读者在生产生活中所需文献资源的需求都有一定的相似性和规律性，乡村流动图书馆针对这些需求应采取相应的图书馆服务方式，为其生产生活服务。农民群众对于文献内容的选择首先以有利于农业生产的科技信息、致富信息为主，其次是文化休闲类、政策法规及医药卫生类文献资源。

1.与农业生产相关的科技信息需求

与农业生产相关的信息始终是农民群众首先选择的文献内容之一。获取科技致富信息是农民群众提高农业生产力、发展农业生产、实现增产增收、农产品增值的重要来源，是农村推动科学技术向成果转换，促进实用技术应用的保障。农民群众对科技信息的需求呈持续上升趋势。农村读者最需要的是科学性强、实用性强的先进农业文献资源，学习新知识、新技术。现代农业生产，科技含量高、投入力度大，农业科技创新、科技成果转化类文献受到农民欢迎。现代农业的发展催生出与之相适应的现代化农产品产出技术。农民群众不但需要农业生产、农产品加工的科技文献，还需要及时掌握农业商品的市场供需信息资料，学习了解有关市场信息、产品销路、适用技术、管理经验等的图书文献资源，才能为农产品真正实现占领市场预先做好准备。农产品深加工等副业的发展助推了乡镇企业的产生和发展。乡镇企业在发展势头正劲时必须及时学习了解市场营销、市场战略开发等具有相当参考价值的经济类书籍文献；掌握企业研发新产品的行业最前沿产业及产品信息，使这些文献资源成为帮助企业发展的有益捷径。

2.文化休闲类信息需求

随着农民群众物质生活水平的不断提高，他们不再只局限于解决温饱问题，在精神生活层面有了更高的要求，不但要使物质生活富足，也要使精神文明得到提高。农村读者对于可以提高自身素质、丰富文化生活的文化休闲类文献内容的选择同样呈现出逐步增加的趋势。文化娱乐类书刊的阅读不但可以陶冶个人情操、缓解自身压力，还可以消除不良社会风气，净化农村的文化环境。

3.与农业生产及生活相关的政策法规信息需求

近年来，我国制定了很多有利于农业、农村、农民的法律法规，使农民群众的生产生活能够得到相应法律的保护。农民群众在进行生产生活的过程中需要学习与自身利益相关的政策法规，以保障自身的合法权益不受侵害。对于政策法律、法规方面的文献需求会随着法律体系的不断健全而越来越多。随着新农合的开展，农民群众看病难、看病贵的问题得到了改善，农民群众的自我保健意识也得到了同步提高，对于医药卫生类文献信息的阅读可以帮助其提高身体素质，改变有碍于身体健康的生活作息，培养和完善良好的生活习惯。

（二）对阅读形式的选取

农民群众的文化程度普遍不高，受教育程度有限，对于阅读形式的选择要通俗易懂，便于学习掌握。因此，使农村读者可以轻松理解、图文对照的阅读形式受到农村读者的欢迎。乡村流动图书馆可以提供的阅读形式有书籍、报刊、音像资料及网络资源，基于知识水平不同，读者对于阅读形式的选取也存在差异。

书籍适用于知识层次较高的农民读者，可以全面、翔实地学习掌握书中的内容及其想要了解的信息。农村流动图书馆拥有最多的馆藏资源是书籍，相对其他阅读形式来说，数量最多，内容最全。读者选择书籍作为阅读形式容易获得更丰富的知识。

报刊资料的时效性强，适合于具有较高文化层次的读者阅读。通过选择报刊作为阅读形式，可以使农民群众及时了解最新时事、科技动向，掌握最新信息资料，如市场供求信息、政策法规等。报刊资料可以帮助农村读者迅速更新观念、开阔视野，及时调整生产生活中的动态，快速适应各种需要。

音像资料通过视觉、听觉等感官刺激使其所传达的信息为读者接收、掌握。这种阅读形式不但适用于文化程度较高的农民读者，更适合于文化水平较低的群众。音像资料与书籍、报刊等阅读形式相比，形象直观、鲜活，容易接受，即使文化水平再低的读者都可以清楚明白地看懂其中所要表达的内容，如情境再现、农业种植方法等，可使农民群众更加清晰地学习掌握知识信息。书籍、报刊的阅读需要以一定的文化知识做基础，虽然内容详细，却难于理解，没有音像资料表述得清晰明确。

相对其他阅读形式，网络资源的获取需要更多的文化知识作为保障，而农村地区居民的知识层次普遍低于城市，对网络资源的认知及熟悉程度不够，不会操作或局限于简单的操作，对其利用率不高。利用网络资源所需设备较高，农村地区的技术水平有限，对资源本身缺少及时有效的更新，无法达到全面使用的程度。

（三）对信息获取渠道的选择

随着科技和信息技术的不断发展，农民群众获取信息的渠道不再局限于村民间的口耳相传或上级部门的上传下达，获取信息的渠道更加广泛。广播电视、报纸书刊、网络媒体等都已成为农村读者获取信息的渠道。

广播电视作为传统信息媒介，对于农民群众的信息获取起到重要的传播作用，以信息量大、内容丰富、传播迅速等特点，成为农民群众获取信息的主要渠道。无论文化程度高低，都可以通过感官印象，吸收获得所需知识信息，便于记忆。

通过报纸书刊获取知识信息，可以获得内容翔实的文献资料，是农村读者获取信息的主要渠道之一。但对于报刊等信息的获取需要一定的文化知识积累，在阅读过程中可能出现看不懂等问题，不容易记忆掌握，会给文化程度较低的农村读者获得信息造成障碍。

计算机的逐渐普及为农民群众获取信息打开了新的渠道。通过计算机硬件设备的链接，可以把网络信息资源源源不断地送到读者面前，使读者足不出户遍知天下事。网络媒体已经成为农民群众获取知识信息的新途径。但由于农村地区条件有限，软、硬件设备维护、更新技术的限制，会降低网络信息资源的实效性，使信息的传播效果大打折扣，加之农村人口对于计算机的熟悉程度有限，农村读者接受网络信息传递的热情相对较低。

广大农村地区人口众多，信息依靠群众之间的交流传播也是其获取信息的渠道。通过村干部对上级主管部门信息的传达，能使村民了解新政策、新动向，这种获取信息的渠道在知识层次较低的农村人口中运用较广。

（四）对文化娱乐方式的选择

农民群众的文化娱乐休闲方式主要来自电视节目，其次为休闲娱乐类活动，如扑克、台球等，业余时间利用网络资源和图书报刊资料作为消遣娱乐工具的较少。

电视节目非富，内容喜闻乐见，雅俗共赏，能为众多农民接受并作为文化娱乐的重要工具，可以起到解除精神疲劳、缓解情绪压力的作用。绝大多数农民群众都会选择电视节目作为主要休闲娱乐方式。

休闲娱乐类活动项目广泛，种类繁多，农民群众可以用不同的活动打发业余时间，但这些活动虽然可以作为文化娱乐工具，其中可能掺杂如赌博等违法行为的因素，产生各种不良社会风气，污染农村地区的文化环境。

网络资源的开发和利用需要必要的硬件设备和软件技术作支撑，在农村地区逐步普及计算机的阶段，能够成为农民群众休闲娱乐的新方式，可以了解更多的国内外资讯，查询所需信息资源。图书报刊资料作为传统的文化娱乐方式，在当今众多新媒体、新方式层出不穷的时候，作用显得有些“力不从心”，农民群众大多数时候会选择其他方式实现消遣娱乐来代替读书看报。

二、乡村流动图书馆服务方式

乡村流动图书馆作为大型图书馆的流动载体，已经走出传统图书馆的围墙，走进广大农村地区，送书刊、送信息资源到最基层的农村，为农民群众普及科学文化知识，使其可以就近使用图书馆丰富的资源，充分享有阅读的权利和享受阅读的乐趣，突破地域，拉近了农村读者与大型图书馆的距离。就像 Robert Smith 形容的那样，流动图书馆使图书馆融会到不同境遇的人们的生活中，是图书馆与人们接触的方式，它就像一个有情感的人，而不是立于街角的建筑。

我国幅员辽阔、人口众多，整体经济发展不均衡，乡村流动图书馆可以通过建设大型图书馆分馆和设立流动图书站点两种形式，为农民群众提供信息服务，其服务方式必须着重考虑如当地的自然条件、地理环境和农业种植情况，依据不同情况，当地经济状况、群众受教育程度等客观因素，因地制宜，从农村地区的实际情况出发。

乡村流动图书馆作为图书馆事业发展的重要组成部分，为广大农民群众服务，必须根据农民群众生产生活的特点，合理安排服务内容和服务形式，最大限度地为农村读者服务，为丰富农村的精神文化生活服务。乡村流动图书馆以其灵活多变、方便快捷的特点，有针对性地服务于农村的田边地头，满足农民群众的阅读需求。

乡村流动图书馆为“农”服务的范围宽广、内容繁多，工作任务艰巨。农业丰则基础强，农民富则国家盛，农村稳则社会安。农民读者的生产需求，农村经济的发展，农业产业的建设，是乡村流动图书馆建设、发展和服务的不竭动力。对农村读者的阅读需求进行系统、深入、详尽的分析研究，积极探索适合农民群众需要的资料信息，不断积累工作经验，为其及时掌握高科技农业知识提供连续不断的书籍文献资源，使图书、报刊、资料发挥更大的作用，化精神文化为物质财富，为农村经济的飞跃式发展服务。

（一）大型图书馆分馆建设与服务方式

流动图书分馆是由所在行政区域的有一定经济实力的省、市级大型图书馆在人口密集、流动性较大的地区建设的，目的是使当地读者的阅读要求得到满足。我国目前的流动图书馆大都采用这种服务方式，如哈尔滨市图书馆已经在县、乡建立了 5 个农业分馆，其接待读者 10 多万人次，送书近 20 万册，为农民群众传递科技信息和致富经验数千条，为农村读者解决技术难题百余个。

采用流动图书分馆的服务方式，可以得到来自国家和大型图书馆的财政、物质援助，信息资源丰富，设施齐备，能够使读者在真正意义上享有像在大型图书馆一样的服务。流动图书分馆拥有一定面积的馆舍，可以容纳一定数量的读者，拥有相对固定的馆藏资源，拥有图书馆专业知识的工作人员及较现代化的服务硬件。

1. 办馆地点的选取

乡村流动图书馆分馆为了使图书馆社会作用发挥至最大程度，必须选择适合的办馆地点，物理条件无须要求过高，以便捷、易于疏散、集中、就近为前提，建设在农民群众人口稠密、方便往来的地方，如小学校舍、乡村文化站、老年人活动室或者能够提供场地的乡镇企业等，尽量开发有限的馆舍资源，用于最大限度的服务。具体建设要视当地客观条件而定，在深入调研农村地区具体情况的基础上，确定建设方向，保证分馆的建设有充分的潜力和足够的未来发展空间。流动图书分馆作为文化场所，在选址环境等方面尽可能选择安静、整洁、干净的地点，避开喧闹嘈杂地点，使农民群众可以把阅读作为一种生活习惯，深切享受其中的乐趣，把流动服务的传递效率提升至最高。乡村流动图书馆分馆还可以依据农民读者的生产生活环境特点，灵活改变馆藏载体形式，把流动图书馆变为流动图书箱、流动图书船，让图书流动在水上，及时送到读者手中。例如，浙江省大佳何镇建有以水产养殖业为主要馆藏资源的乡村流动图书馆，专门为农民群众提供养殖科技知识。乡村流动图书馆分馆还可以专门设置馆藏文献，建设以各类型农业生产或语言文字为主的流动图书馆，为各地区农民群众提供专门的科技知识服务。

2.馆藏文献资源的组织选取

农民群众作为乡村流动图书分馆的服务主体，全部服务工作都要围绕其展开。流动图书分馆开展各项服务要以农民群众的各种现有和潜在需要为依据，争取使每一位农民群众都成为图书馆的服务对象。农民群众的受教育程度是影响乡村流动图书分馆建设的因素之一，关系到馆藏资源的组成、设置与调整。要针对农民群众的需要，贴近他们的生产生活，调查研究农民群众在经济文化方面的要求，在馆藏组织上要以其急需的农业科技信息、法律援助支持、医疗保健、农产品开发、农业结构调整等作为首选目标，辅以有利于净化乡村文化环境，受读者欢迎，喜闻乐见的文艺娱乐类图书，大型图书馆在配置流动图书时要以农村地区需要的文献资源类型为主体。以采购对农民群众创收致富有指导意义的书籍文献作为重点，订阅与其日常劳作息息相关的报纸、期刊，并根据当地农业生产特点的具体需要，适时配备相应的书刊。

大型图书馆配备的流动书籍，由采编部门进行统一加工、编目，实行统一排架及检索标准，以便乡村流动图书分馆的工作人员管理，同时也可以方便读者取阅，为书籍可以进入下一轮次的流动做好准备。总馆的参考咨询服务部门应做好跟踪调查研究，内容要涉及生产生活各个方面，针对农村群众的信息需求，收集、分析、加工、整理，编辑成为最新文献资料，传递到农民群众手中。

乡村流动图书分馆除了组织实物馆藏资源外，还应组织虚拟馆藏资源。多媒体技术的兴起，可以使图书馆文献资源的类型趋于现代化、多样化。虚拟馆藏资源类型多样，如音像资料、信息数据库等。音像资料形象直观，读者可以通过视觉感官直接了解文献资料的内容，方便信息的学习接收；信息数据库的内容各有侧重，读者可以有针对性地根据自己的需求，检索所需文献，使图书馆在文献资源的提供方式上整体向知识单元转变，为读者利用有价值的信息创造条件。乡村流动图书分馆在条件许可的情况下，应尽力实现图书馆服务的数字化。农村地区拥有淳朴的民风、古老的历史、丰富的民间习俗，这些都应该成为乡村流动图书分馆收集地方特色，加工数字化资源的宝贵资料来源，保持与农民群众生产、生活的同步性，保存最真实的文献资料，为农民群众了解当地文化，提供鲜活的资料信息，同时也可以为研究当地历史地理、风土人情提供重要的材料佐证，成为丰富馆藏资源的重要途径。

3. 深层次服务方式

农村周边地区是乡村流动图书分馆服务工作的重要指标，当地乡镇企业、中小学校等都是其服务的读者群体。结合对农民读者信息需求的分析，乡村流动图书分馆除了开展借还图书、新书上架、书库管理、制订调换图书计划、预约借书、办证、续费等各项常规性传统服务外，还可以采取深层次细化服务，如专业技术讲座、交流会、信息咨询、加工二、三次文献服务等，体现乡村流动图书分馆全方位服务的特征。

（1）专业技术讲座、交流会。

根据农村读者在生产实践中的具体问题，乡村流动图书分馆可以聘请农业专家深入田间地头，为农民群众传授专业技术技巧、进行现场操作，为其指点迷津。举办农业科技知识讲座，聘请相关农业技术专家，依据四季时令变化和农民群众的不同需要，为其讲解农用专业技术并与实际操作相结合。还可以在征得专家允许的情况下，将讲座资料编印成纸质文献，送到农民群众手中，“按资料搜索”实现最小的成本投入获得最大的资源共享。有条件的流动图书分馆还可以将专家讲座的内容制成音像资料，为读者播放相关资料片，为其最大限度地利用各种媒体信息资源服务。

围绕不同的专题开展定期或不定期的技术培训班和高科技成果展览，使技术信息清晰易懂，容易吸收。在条件允许的情况下，组织读者讨论、经验交流会、征文活动。讨论专题可以涉及各个领域、国内外热点、科技创新、增产致富等，读者相互交流生产生活中的经验和技术，在相互学习中提高生产技术、生活技能。在争取农民群众建议和调查其关注角度的基础上，拟定活动主题，调动农民群众参加活动的积极性，让乡村流动图书分馆真正变成农民群众学习科学文化知识、交流信息的平台。

与当地企业、经济部门联系，举办产品信息发布会，将农民群众的需要摆到重要位置，推介产品，使其足不出户就能得到经济实惠。与当地有关部门合作，举办特优农产品展览，向农民群众推荐适销对路的生产种植品种，让其从中得到实惠，帮助农民群众提升农产品价值，使其成为高附加值产品，实现农产品的特色、质量“双优”，完成由科技信息向优质新产品的转化。

（2）信息咨询服务。

乡村流动图书分馆要为农民群众提供深层次信息咨询服务，为读者详细讲解文献资料内容，使其能够在短时间掌握最新农业科技知识，为其提供第一手资料，将最新科学技术信息传递到读者手中。对照读者需求，对比现有农业信息资料，选取最适宜农村读者阅读的文献，为其提供先进的前沿科技文献资源。向读者定期发布农用科技信息，满足其不断增长的文化需要，深入调查市场需求，及时收集市场供求信息，采集、分析、加工整合成为农民读者浅显易会的文献资料，指导农民读者在实际生产中创收致富。

乡村流动图书分馆在提供文献参考服务时，既要考虑针对性，还要考虑到读者所需文献的特殊性。例如，少数民族地区的读者，语言文字特殊，在为其提供汉语文献的同时，有针对性地提供当地不同少数民族语言文字的书刊资料，为其阅读带来方便，使当地农民群众的文献资源需求得到保证。服务于这类地区的流动图书分馆，应配有了解少数民族语言文字的工作人员，在读者不能了解文献内容的时候，及时为其翻译、讲解，使用最易于读者理解的方式帮助读者进行阅读，提供文献参考服务。有条件的乡村流动图书馆可以将汉语言文字书写的农业科技书籍代译为少数民族语言文字，方便少数民族读者阅读。

乡村流动图书分馆还应根据不同季节、地区特征，对当地农村读者进行跟踪服务，依照读者的不同需求，提供馆藏文献资源。真正了解农民群众需要什么类型的文献资料，才能感同身受地为读者解决技术难题和实际问题，帮助农民群众提高生产质量，提升生活品质，使各类型文献资源的利用率都能达到最高。

（3）二、三次文献服务。

农民群众对于政府出台的政策、市场供求动态、科技致富、生产种植、病虫害防治等文献信息需求迫切且需求量大，乡村流动图书馆必须做到及时从国内外最新期刊、报纸和图书文献上摘录实用的资料、信息、技术，收集整理先进科技成果和适用技术，对其进行二次加工，整合科技资源，编辑二次、三次文献成为技术专辑。与农业科技专家、情报单位合作，定期或不定期地编印参考文献和反映地方经济特色的综合性资料，传递给当地农民读者，供群众利用，使其可以随时了解最新种植和养殖方法及技术。有效促进产供销链接的形成与农业经济结构深化调整，减少分散的农户经营形式，使知识信息转化为经济收入。

（4）网络信息服务。

有条件的乡村流动图书分馆可以为农民群众提供网络信息服务，不但要为读者从书刊、报纸上，还可以从网络上寻找有价值的信息，收集整合相关科技信息，从而实现图书馆服务的网络化。大型图书馆可以为流动图书分馆提供技术支持，通过网上检索功能和多样化的载体形式，满足读者个性化、多层次的信息需求。使农村读者能够检索、浏览到大型图书馆的文献信息，不但可以“为读者找书”，还可以做到“为信息找读者”，实现信息资源的网络流动，共享充足的文化资源，扩大乡村流动图书分馆的馆藏资源，发挥乡村流动图书分馆的更大作用。把虚拟图书馆作为与读者互动的工具，农村读者既可以利用网络搜索虚拟文献资源，又可以通过网络给乡村流动图书分馆及大型图书馆提出意见、建议和对书刊资料的需求信息，加大图书馆服务的影响力和社会效益，扩展服务范围。

（5）新书推介导读服务。

乡村流动图书分馆要根据当地农民群众的需要，为读者做好新书的推介导读服务，吸引更多的农村读者享有图书馆的服务，利用图书馆的文献资源。根据读者的文化程度、年龄特征有针对性地进行新书宣传服务，采用导读书目、推荐书目的方式，还可以举行新书陈列展、读书座谈会等进行宣传，在交流的过程中让读者了解新书；根据不同的季节农时及产业特色，按照专题向农村读者推介农业科技新书；根据读者不同的关注点，为其选取不同类型的新书，满足其某一方面的信息需要。

（6）查新服务。

乡镇企业在从事生产经营活动时，需要制定市场占有目标和主攻方向，明确技术发展思路，进行新产品研发，乡村流动图书分馆要与企业科研团队或市场调研团队开展座谈，以获取这些团队最急需的信息需求，为其查找新技术、新信息，进行查新及信息代查服务，在最终时限内令其找准市场定位，满足其文献阅读的要求。乡村流动图书馆可以充当联络员的角色，起到中间媒介的作用，把乡镇企业与各个村镇联系起来，为双方提供供求信息，使供需双方都能获利。

4. 服务时间的选取

乡村流动图书馆要针对农时改变服务时间，调整工作作息，在农民读者农作的间歇休息时间，开放流动图书馆，为其提供馆藏借阅服务，让读者在繁忙的农忙间隙可以得到精神上的放松。农闲时节，农民群众的农耕时间相对宽松，借阅书籍的时间比较充裕。乡村流动图书分馆可以利用这段时间进行常规性服务工作，有条件的地区，可以实行全天开放服务，让农民读者有更多的机会了解流动图书馆，利用馆藏资源，丰富自己的科学文化知识。

（二）流动图书馆及其服务方式

流动图书站点对建筑要求不高，只需要有足够的空间容纳全部流动图书就可以实现图书馆的服务功能，使农民群众的阅读需求得到满足。这个空间的物理形式不一，所处位置可以根据读者的需要随时做出调整，它可以是书库、文化室，也可以用交通工具来承担藏书职能，如汽车、轮船，有时甚至是自行车或者包裹。只要随时可以为读者服务，做到图书的充分流动，任何载体都可以成为一个流动着的图书馆。

在天津、广州、哈尔滨等地设有汽车流动图书馆；石家庄白求恩国际和平医院设有病房流动图书馆；山东省青岛市、浙江省洞头区、江苏省如东县的渔船流动图书馆，为渔民的服务覆盖面积达到95%；在交通不方便、经济相对落后的农村地区，马车、自行车都可以作为图书流动的载体，如西班牙偏远地区，是用驴子驮着图书为当地读者服务的。流动图书站点无论以何种形式出现，为农村读者提供图书馆服务的宗旨都是同一的，采用图书馆的服务方式进行服务，不管走到哪里，都能为农民群众送去“精神食粮”，弥补他们在精神文化方面的不足。

流动图书站点作为图书馆体系中规模最小的基层服务机构，馆藏容量中除了由大型图书馆统一调拨的书刊资料之外，必须配有独立的固定馆藏，才能在流动图书还没有及时流动到位的情况下，为读者展开正常图书馆服务工作。按照服务对象数量的多寡及所在服务地区，流动图书站点的藏书量应不少于2000册，如浙江省宁海县在建设流动图书站点时明确规定：每个流动站点的藏书必须满足 2000 册以上，至 2010 年 6 月，全县共有流动图书站点 65 个，藏书量达到 15 万册，符合建立时的规定标准。农村地区建立流动图书站点，所需成本少，设施简单，使用低成本实现高收益服务，发挥图书馆的服务职能，为广大农民读者提供生产生活便利。

农村流动图书站点的馆藏配置取决于读者群体，要符合农村人口的需要，在设置馆藏资源时应以适合大众阅读需要的文献资源为主，辅以农用科技类和群众喜闻乐见的文艺书籍，对于研究型专业书籍的要求不高。要选择版本完好、知识内容浅显易懂、有阅读价值、品相良好、容易保存、没有破损、崭新或较新的书籍作为流动对象。大型图书馆为农村流动图书站点集中采购图书文献时要依据读者具体情况，征询读者意见，把采购重点放在对农民群众学习知识、掌握技术有益的，内容更贴切反映农民群众生产生活的书籍上。农村流动图书站点还可以通过留言的方式，让读者写下自己想看的书籍，作为今后采购图书的参照指标。

作为农村流动图书站点除了需要添置馆藏文献外，还需要收藏反映当地环境地理、文化风貌等物质、文化特点的文献资源，据此，农村流动图书站点完全可以向当地农民群众征集这些有价值的文献。当地居民，特别是长居该地区的居民，对于当地文化、风物、地貌等的了解和熟悉程度很高，可以为流动图书站点提供全面完整反映当地发展状况的资料，由工作人员加工整理成为文献资源供读者和研究人员参考使用。当地文献资料可以弘扬当地文化，为爱国主义和共产主义传统教育提供丰富的材料，为研究当地经济史，促进经济发展提供资料，只有掌握本地基本情况，才能为以后的发展制订相应规划，使农村流动图书站点成为不但拥有能够满足农民群众生产生活、文化休闲的书籍的精神家园，还可以成为宣传当地独有的文化特征的服务平台。

农村流动图书站点除了需要配备各种书籍文献之外，最新、最具有时效性的期刊、报纸也是馆藏文献中必须具备的。报刊是及时反映实时信息资料的出版形式，科学性、准确性强，贴近农民群众生活，可以满足农民群众对于生产种植的季节性需要，能够应时发布对于农业生产最需要的农业科技情报，为农民群众增产增收提供参考。

第四节 乡村流动图书馆典型案例分析

我国幅员辽阔，地域分布广泛，农村地区及农业人口比例很大，为了解决广大农民读者的迫切阅读需求和信息需要，在农村建设流动图书馆是十分必要的。现就已经建设的乡村流动图书馆进行典型案例分析。

一、鞍山市图书馆农村分馆

鞍山市总人口 344 万，其中农村人口 177 万，占人口总数的 51%。为推进当地乡村文化建设，鞍山市图书馆在充分调研和反复论证的基础上，制定了以鞍山市图书馆为总馆，各县、乡、村镇图书馆（室）为分馆的总分馆制建设模式，先后在台安县、岫岩县、千山区和海城市等 7 个县、区建立图书分馆，使流动站由点到面，遍布鞍山地区的诸多县区、乡镇和村屯，形成以市图书馆为中心，县、区级图书馆及行业图书馆为依托，乡、村镇图书馆（室）为基础服务点的层级联动小馆模式，目前已建设各级分馆及流动站点 l8 个，配置各类图书文献 10 万余册。

鞍山市图书馆根据各分馆的实际需要，实行统一采购、分编，配送书籍、期刊、报纸及电子资源至各图书分馆。各个分馆对乡、村镇图书流动站点进行统一业务管理及书刊分配。总馆对分馆及基层流动站点的工作人员进行业务培训，举办业务培训班，派专人负责服务工作业务指导。实行各级协同管理，建立长效服务机制。为保证图书分馆及下属各流动站点能够长期为新农村建设服务，发挥更大的作用，上至总馆、下至流动站点统一配备管理机构，制定相应的各项标准规范制度。

为了保证各个分馆及流动站点有充足的馆藏资源，鞍山市图书馆投入农村图书分馆的购书经费逐年增加。2018 年投入经费 1.98 万元，用于订购各类型文献资源，其中报纸 15 种，期刊 25 种，电子资源 100 种，图书 300 种，占市图书馆全年购书经费的 3.8%。2019 年再次加大农村文献资源建设的资金投入比例，增加农业技术书刊、电子资源的经费比重，用于购置这些文献的经费达 6 万余元，占全年采购经费的 10%，比上年增长 6.2%，订购报纸 30 种，期刊 50 种，电子文献 200 余种，图书 400 余种。文献内容以农业新技术为主，具有较强的针对性，为山区配送花木、果树等经济作物种植及畜牧业养殖类书刊，平原地区配置粮食作物、蔬菜作物新品种开发种植类书刊，江河流域配送水产养殖业书刊，各分馆及流动站点均配备文艺休闲类等农村读者消遣娱乐类书刊。

鞍山市图书馆除了在建设模式上采取总分馆制外，在服务方式上根据农民群众的需要有针对性地进行服务，既流动书刊又流动服务，开展不同方式信息服务。开班“农村讲堂”，举办农业实用科技培训，开展农产品信息咨询服务，为各县、区级分馆及流动站点配发农业专家讲座的音像资料，使农民读者通过视频文献的学习，普及农业科技知识，提高生产致富的能力和水平。开设“农民论坛”，为农民读者提供沟通交流的平台，相互学习生产种植经验，互相带动，共同发展。总馆根据各分馆所属地区的农业生产特点和规模，收集有关蔬果栽培、淡水养殖、市场需求、价格行情等各方面的信息资源，编辑整理成二次文献，提供给不同行业的农民群众阅读。鞍山市图书馆还为处在旅游景区的村镇流动站点提供生态景区旅游观光、垂钓狩猎、园艺采摘等信息资料，为建立农业观光园区服务。

鞍山市图书馆在几年的实践中不断调整建设模式中的各个环节，改进服务方式中与农民群众生产生活不相适应的方面，实现了从单一服务向标准化、基地化的系统专业性服务的转变，较好地解决了当地农村地区文化建设投入少、基础差、资源匮乏的问题。鞍山市图书馆结合各分馆地域特点和当地农民需要，以最基层的文化站和村委会为依托，为读者提供各类型文献信息，因地制宜开展各种方式的图书馆服务活动，使农民群众学习科技知识，增加生产生活技能，提高自身素质，形成以总分馆制为图书流动枢纽，以城乡互联为特点的精神文化建设新格局。

二、天津图书馆静海区农业科技图书分馆

天津图书馆静海区农业科技图书分馆，属于天津图书馆建设的行业性图书分馆，采取由天津图书馆、天津市农科院和静海区图书馆三家单位联合建设的模式。静海区农业科技图书分馆使农民读者需要的农业科技图书文献、信息资料得到有效的保存、整理，使这些馆藏资源能够得到更加广泛的利

用，直接服务于农村地区，满足农民群众的阅读需要。该馆的主要任务是利用天津图书馆的馆藏资料，为静海区从事种植业、林业、畜牧业、水产业等的农民群众服务，逐步实现全市农业科技文献信息资源共享。

静海区农业科技图书分馆的建设以静海区图书馆为支撑，现有面积为80平方米的藏书库一座，60平方米阅览室及培训室各1个，40套阅览桌椅，媒体播放系统一套，自动化管理系统及终端设备一套，可同时满足农民读者到馆阅读、外借图书、网络检索等信息需要。馆藏资源涉及农业科技、经济、医疗保健、文学艺术类图书及电子资源1.2万册（件），其中天津图书馆、天津市农科院及静海区图书馆为其购置农业科技新书上千册，并每年投入专项经费补充购置农用新书及报刊资料。静海区图书馆专门安排6名图书馆员专职负责农业科技图书分馆的日常图书借阅、管理，图书预约登记，办理借阅证及文献采集和开展为农服务等对内沟通、对外联系的工作，充分发挥该馆的服务功能和作用。

静海区农业科技图书分馆以为“三农”服务、方便读者为服务工作的宗旨，坚持全年开放，节假日无休，随时为读者提供服务，使服务规范、服务方式与静海区图书馆基本保持一致，在实现基本服务工作外，还提供具有该馆特色的服务活动。服务内容包括各类图书、报刊资料借阅，农业生产相关的光盘、录像等音像资料播放，利用馆藏资源进行农业科技知识辅导、咨询，免费编印提供各种农业信息资料等二、三次文献，农业科技信息网络查询服务，课题跟踪，等等。为科技示范户和专业户建立农业跟踪档案，送书上门，定期为其递送产业相关信息文献。该馆为方便农村读者，还采用预约借书、电话续借、代查、代引资料等多种服务。过去农业生产所需经验要依靠农业科技专家到田间地头亲自教授，费时费力，收到的效果有限，有了农业科技图书分馆，农民群众可以随时到馆查阅所需技术书籍资源，通过视频音像资料学习种养植知识，使农用科技信息学习更方便、吸收更高效。静海区农业科技图书分馆的建设，促成其与静海区农委、科委、科协、林业局、农机局、畜牧水产局、教育局等部门的强效协作。静海区农业科技图书分馆以提高农民群众的科学文化素质为目的，依靠各乡镇农经委、文化站、农校、村委会等基层组织开展农业科普知识讲座，充分发挥图书馆传播科学文化的作用，使该馆的农业科技图书文献得到广泛传递，同时，实行馆藏资源电子化管理，与天津图书馆、农科院农业科技图书馆实现联网，在全市范围内形成农业科技信息资源库，使农民群众可以共享农用科技信息资源。

静海区农业科技图书分馆的建设，是天津图书馆支持农村科技建设的有益尝试，集各个联合办馆单位所长，使农业科技图书的购置经费得以专款专用，集中农业科技文献信息，实现农用资料多、全、新的目标，发挥农业科技图书馆的更大作用。静海区农业科技图书分馆建在静海县城，使天津图书馆的资源优势、天津市农科院的专业优势可以直接服务于农民群众，方便农村读者将最新农业科技信息转变成现实生产力，推动静海地区农村产业结构调整步伐的加快，促进该地区实现农业现代化建设步伐。

无论以哪种模式建设农村流动图书馆，都是为了实现农民的生活水平、农村经济建设和农业的全面可持续发展，使我国广大农村地区的物质文化条件实现跨越式飞速发展。农村流动图书馆的建设成本低，社会效益显著，只要符合当地实际，都可以在一定范围内实现建设，为当地农民群众的农业生产、增收致富服务。随着科学技术的不断完善发展，农业发展更加需要最新的科技信息作为保障，在不能实现全民共用大型图书馆信息资源的条件下，各地区建设农村流动图书馆是完全合理可行的，可以缩小城乡“知识鸿沟”，是解决农民群众阅读需要，学习科技文化知识的有效途径，农村流动图书馆在广袤的农村土地上会大有所为。

第五章　孵化乡村文化的暖巢项目——“农家书屋”工程

第一节　“农家书屋”工程与乡村文化建设

一、“农家书屋”工程建设的必要性

（一）“农家书屋”工程的概述

“农家书屋”工程是由原新闻出版总署、中央文明办、国家发展改革委、科技部、民政部、财政部、原农业部、原国家人口计生委等八部委联合组织实施的一项新农村建设工程。计划经过 5 至 10 年的建设，逐步解决广大农民群众“买书难、借书难、看书难”的问题，并在全国农村逐步建立起“供书、读书、管书、用书”的长效机制，达到阅读条件完备、体制机制相对完善、服务功能不断加强、出版物发行网络延伸进村、农村出版物市场初步形成的基本目标。“农家书屋”工程是五大文化惠民工程之一，对缩小城乡文化差距、巩固乡村文化阵地将起到重要作用，是帮助广大农民群众进一步享受改革红利、满足读书阅报的基本文化需求，也是提高农民文化素质的一项民心工程。从第五次全国国民阅读调查数据来看，在已建成农家书屋的地区，很多农民养成了去书屋读书学习的习惯，他们和拥有图书馆等公共文化设施的城镇居民一样，越来越多地享受到阅读的乐趣。

"农家书屋"工程于2005年开始试点，然后在全国推广，截至目前，全国有农家书屋58万多家，农家书屋建设十几年来，在增强农民文化自信、保障农民基本文化权益、加强农村公共文化服务体系和农村精神文明建设等方面做出了重要贡献。

（二）"农家书屋"工程的意义

乡村文化建设是社会主义文化繁荣兴盛的重要内容，没有乡村文化的繁荣兴盛，也谈不上社会主义文化的繁荣兴盛。当前，城乡文化发展水平还存在较大差距，乡村文化基础设施落后，文化产品和文化服务供给不足，农民业余文化生活还很贫乏。在这种情况下，"农家书屋"工程面临着加快建设进度和充分发挥作用的更迫切要求。我们要借助农家书屋贴近基层、贴近农民这个优势，继承和发扬中华优秀传统文化，传播社会主义先进文化。要通过农家书屋，为更多的农民群众提供优秀的文化产品，使农民的基本文化权益得到更好保障。实施"农家书屋"工程，是加强农村基层文化建设、加快建立覆盖全社会的公共文化服务体系的重要举措。我国农村地区地域广大，人口众多，推动农村地区政治、经济、文化、社会的全面、协调发展，是进行社会主义现代化建设的重要内容。农家书屋体现了政府服务农民，构建农村公共文化服务体系；社会关心农村，推动农村各项事业协调发展；提高农民素质，从根本上解决农村贫穷问题的方针。"农家书屋"工程是一项系统工程，是乡村文化建设的基础性工程，是社会主义新农村建设的重要组成部分。

1."农家书屋"工程是构建公共文化服务体系的重要组成部分

读书是一个人最基本的文化权利，也是人们最为普遍、最为持久的文化需求，农家书屋的出现满足了农民最基本的文化需求。一方面是因为读书不需要额外的设备投入，只要手里有书就可以随时随地进行阅读。另一方面，阅读可以满足深层次的文化需求。当人们从某一途径获知信息后，阅读相关书籍可使人们获得更详细、更深入的理解和认识。在广播、电视、电影等文化手段不能到达的地方，农家书屋应该是最基本、最易于建立的公共文化服务设施。在现阶段，也要求我们首先建好农家书屋，管好用好图书、期刊、报纸等出版物，然后进一步利用农家书屋的文化引导作用，创建更全面的乡村文化公共服务体系。

2.“农家书屋”工程是乡村振兴的重要保证

乡村振兴的主体是农民，因此，提高农民的综合素质是乡村振兴的重要保证。“农家书屋”工程在农村提倡阅读，让农民通过书屋学技术、学管理，是培育新型农民的重要途径。如果说九年义务教育是少年儿童的基础教育，农家书屋则是面向农村人口的终身教育。让农民有书看、有好书看、看书受益，养成看书习惯，在广大农村形成良好的阅读风气，是乡村振兴的重要保证。

“农家书屋”工程建设有效地促进了基本公共文化服务的均等化，让农民能够和城镇居民一样，共享社会主义文化繁荣发展成果。据了解，在东部发达地区，如江苏无锡，在覆盖了所有行政村之后，开始把农家书屋向自然村延伸，张家港则实现了市、镇、村图书的通借通还。随着“农家书屋”工程建设的不断推进，农家书屋建设的内涵和范围也势必进一步扩展，并最终形成覆盖全社会的新闻出版公共服务体系，让全体人民共享新闻出版改革发展的成果。

二、乡村文化建设的历史与现状

（一）乡村文化的内涵与特征

1.乡村文化的内涵

乡村文化作为与城市文化相对应的一种文化形态，是人类文化的重要组成部分。从广义上讲，乡村文化是指农村人口在农村长期的社会实践活动中所创造出的物质财富和精神财富的总和。从狭义而言，乡村文化则仅指农村的精神文明活动，它是农民的文化水平、思想观念以及在漫长的农耕实践中形成并积淀下来的认知方式、思维模式、价值观念、情感状态、人生追求、生活方式等深层心理结构的反映，它表达的是农民的心灵世界、人格特征以及文明开化程度，是农民精神状态的反映。

乡村文化的主体是共同劳动和生活的乡村农民，由于广大农民的科学文化素质整体水平不高，在一定程度上说，农民围绕土地所形成的价值观和思维方式，决定了农民接受新事物、新观念的被动性和滞后性。农民对文化信息和内容的接受与其自身的文化水平相适应，也就是说与农民群众对文化形式和内容的接受，会有一个较长时间的理解、消化和认同的过程。由于农民文化水平有限，简单易懂、大众化的文化形式是农民乐于接受的，农民一旦接受某种思想、文化，就会积极参与并融入自己的生活。

2. 乡村文化的特征

第一，乡村文化服务对象的多样性。我国是一个有 56 个民族的多民族国家，不同民族在各自发展过程中，都创造了自己的文化。

民族是人们在历史上形成的一个有共同语言、共同地域、共同经济生活以及表现于共同文化上的共同心理素质的稳定的共同体。任何民族都有其与其他民族相互区别的文化传统。不同民族有着不同文化传统、不同经济发展水平和不同文化素养的各种农民，这些农民有着不同的利益，不同的物质和精神需求，因而，具有不同的生产、生活方式和不同的价值意识。

第二，乡村文化内容的多样性。不同层次、不同群体的农民所需要的乡村文化内容是不同的。多种经济成分、多种消费层次、多种文化传统、多层次的知识结构及多样化的文化管理体制，同时，造就了农民多种审美情趣和多种文化需求。

第三，乡村文化组织方式的多样性。当今的乡村文化已经发展成包括文化知识传授、科技培训、时政宣传、法治道德教育、健身娱乐等在内的综合内容格局。各种自娱自乐的、自发的群众文艺活动，如雨后春笋般发展起来，庙会文化、节日文化、村落文化、集镇文化、乡村小区文化、农民家庭文化、乡镇企业文化、社火节庆文化等让人眼花缭乱，社会各界的“三下乡”活动一浪高过一浪，社会文化社会办、群众文化群众办，国家、社会、集体、个人一起办文化的多元文化格局已初步形成，在相当程度上满足了广大农民对精神文化生活的需求。

（二）乡村文化建设的历史渊源

中国古代农村就崇尚读书。耕读文化、书香门第是文化名人所向往的田园生活。中国古代的农村是文化极为丰富的地方，无意仕途的读书人几乎都选择了归隐田园，躬耕园林，耕读传家。更有人模仿佛教禅林讲经制度创立书院，整理刊刻书籍，组织讲学，形成了中国封建社会特有的教育组织形式。中国文化的流传是和图书的传播分不开的，而图书的保存和流传大大得益于书院的建立和发展。书院是实施藏书、教学与研究三结合的教育机构。

书院的发展培养了一批爱书懂书的读书人，在书院周围形成了一股爱读书重文化的氛围。现在政府推进的“农家书屋”工程，是为广大的农民群众提供读书的机会。同时也希望在农家书屋的周围能出现一批有文化、懂技术、会经营的新型农民。

农家书屋正是秉承这一思路，要在农村建立一个读书基地，进而依靠阅读的凝聚力来引导农民学习技术，提高素养。在农村培养崇尚读书、争学知识的文化氛围，为培养新型农民提供有利条件。

（三）乡村文化的建设现状

一是建设乡村文化的整体背景得到显著改善。在国家进步和实力增强的情形下，文化作为一种评定标准，对国家发展中各项实力水平的认定起着至关重要的作用，而乡村层面上的文化发展有助于更好地处理好“三农”工作中存在的难题。在国家高度关注农业的情形下，大量以“三农”工作为主体的政策法规已出台并被公众知悉，在此基础上无数乡民和社会人士同样也为繁盛乡村文化尽到了自己应有的力量。基于此，乡村的文化发展环境大大改善，大众的精神世界也得以充实。

二是使得与乡村文化建设相适应的各项配套设施逐步完备。只有具备完备的与乡村文化相配套的基础设施才能更好地开展乡民精神文化活动，才能有助于各种与文化相关的宣传与活动的举办。因此，要想满足当前文化层面的多样性要求和促进各项蕴含丰富内容的宣传与活动的举办，就必须使得与乡村文化相适应的各项设施得到建设并充实。

三是建设乡村文化的主体具备越来越高的素质。在构建和谐社会与推动乡村发展的当下，共建共享是必须得到体现与落实的，即作为承担建设工作的农民必须得到与其付出相符的回报。因而，唯有充分激发出民众的积极性才能使乡村文化得以长久发展。

四是乡村里举办的与文化相关的活动所寄托的载体是各种各样的。文化属人类社会特有，与物质活动相对立而存在，是意识层面的范畴。文化需依靠与其相适应的媒介来具体呈现，从而使人们切实地意识到在社会生活中其所起到的不容小觑的影响力。乡村文化当然也不例外，需在已有的基础上进一步挖掘并创新文化所寄托的具体媒介。

三、“农家书屋”工程与乡村文化建设的契合性

（一）农家书屋是乡村文化建设的重要设施

进一步加强乡村文化建设，有效满足农民群众的基本文化需求是政府义不容辞的责任。相关文化部门反复强调要推进农家书屋等重点文化惠民工程，建立稳定的乡村文化投入保障机制，尽快形成完备的农村公共文化服务体系。公共文化服务体系是满足社会公共文化需求，向公众提供公共文化产品和服务的行为及其相关制度与系统的总称。在基本公共服务均等化理念下，政府提供的文化服务正加速向农村延伸。

改革开放实践证明，要解决“三农”问题，必须在促进经济发展的同时，大力发展包括文化在内的各项社会事业。无论是农业的发展，农村的进步，还是农民的致富，都离不开文化的哺育和支撑。农家书屋作为乡村文化建设的基石，按照“政府组织建设，鼓励社会捐助，农民自主管理，创新机制发展”的思路，为农村营造健康的社会风气提供新的理论和观念，提供先进的农业技术和科技常识，提供多层次的农村商品生产信息和市场经营方法，让新一代的农民找到自学成才的原动力，是一种新型文化阵地。“农家书屋”工程就是为了解决农民群众“买书难，借书难，看书难”的问题，为了保障农民群众基本文化权益而建立的农村公共文化服务基础设施。农家书屋是在广大农民中普及科技知识，传播先进文化，提供精神食粮，体现人文关怀，努力满足广大农民群众最基本的精神文化需求和日益增长的多层次、多方面文化消费需要而设立的惠民工程。让农民在家门口就能学习知识、获取信息，促进农民读书用书，开启智慧，活跃和丰富文化生活，改善乡村文化环境，提高农民整体素质、文化生活质量和农村文明程度。

（二）“农家书屋”工程需要贴近乡村文化建设展开

目前农村地区仍是我国文化建设的薄弱环节，设施落后、基础薄弱、城乡文化差距拉大的现象不容忽视，广大农民群众的业余文化生活贫乏，读书难、买书难、看书难的问题仍然存在。从现实情况看，图书、报纸、期刊等出版物在农村还是非常缺乏的。农家书屋应围绕乡村文化建设这一主题，贴近基层、贴近农民，继承和发扬中华优秀传统文化，传播社会主义先进文化，

努力探索服务乡村文化建设的途径和方法，不断提高服务质量和服务水平。

农村有其特殊的文化背景和休闲娱乐方式，人们喜欢聚到一起海阔天空地议事聊天、谈古论今，农家书屋要积极发挥文化渗透力强的优势，针对农民群众生活水平日益提高所显示出来的求富、求乐、求美的需求，因势利导，组织群众开展形式多样、丰富多彩的读书文化活动，适时进行爱国主义、集体主义、社会主义和艰苦奋斗精神的教育，创造良好的社会文化环境。乡村文化建设的关键是要培养新型农民，农家书屋作为农村基层的文化场所，要大力加强与新型农民科技培训工程紧密结合，资源共享，优势互补。据调查，乡镇干部们认为，政府最应该举办的文化活动首先是农业科技培训。这说明，在当前农村科技培训还是远远不能满足农民的生产需求的。农家书屋要积极提供场地、编印农业技术信息资料，开展科技讲座，开展定题定点的技术跟踪服务，让农民群众广泛地接受信息、开拓视野，增长科技知识和生产技能，使传统的经营方式和生活观念逐步得以改善和更新，让广大农民在家门口就可以得到科技培训，解决各种技术问题。同时，要积极引导农民主动地学科学、用科学，通过科学技术的广泛传播，引导他们转变思想观念，帮助农民开阔视野，学习技术，让现代科学技术和各种信息在农村生根开花结果，使广大农民群众真正认识到现代科学技术和信息是致富的根本。农家书屋最接近农民生活，也最能直接方便地了解农民的阅读要求，在传播文明新风尚、培育新型农民、提高农民综合素质等方面，可以发挥极其重要的作用。一方面，它以潜移默化的方式塑造社会成员的道德观念和行为规范，培养他们良好的社会公德和家庭美德；另一方面，在现代经济飞速发展的时代，知识更新越来越快，终身教育成为必然趋势。农家书屋因贴近群众，满足农民精神文化需求而成为他们终身学习的主要场所，成为农民群众提高自身文化素质和整体素质的主要平台。农家书屋通过开展就业培训、学习辅导、法律帮助、医疗咨询、交流沟通方法等各种服务，使广大农民接受知识熏陶的同时，培养自身积极、健康、良好的社会公德和家庭道德风尚，成为适应乡村振兴的新型农民。用群众喜闻乐见的文化娱乐活动和丰富的书刊，来吸引农民走进图书室读书看报，使他们远离牌桌、赌场和低级庸俗的活动，让文明健康的文化活动占领乡村文化阵地。

（三）乡村文化建设水平直接影响农家书屋建设成效

农村作为相对独立的空间，其内部存在着相互联系且丰富多样的文化。多样的文化通过相互影响和作用的有机联系，共同构成乡村文化的生态系统。乡村文化生态系统是指在某一相对独立、完整的社会区域中，各种文化因素以其独特的自然环境和社会环境为基础，根植于人们的生产方式和生活方式中，并依赖于其自身的各种制度框架运行的不断变化和发展的动态系统。乡村文化建设是一个系统工程，农家书屋是其中的一部分，乡村文化建设水平直接影响农家书屋建设成效。

乡村文化建设是以公共文化服务体系和公共文化空间的构建为基础，以培育和激发农民的文化自觉为主体，包括设施、内容、服务、产业等在内的全方位、立体化、有内容、有主体的乡村文化形态的建设。而乡村文化建设的核心要通过公共文化体系的构建、公共文化空间的培育，从而最终推动广大农民的文化自觉和新的乡村文化形态的形成。乡村文化建设水平决定了农民文化自觉程度的高低，在文化建设水平较高的地区，农民的文化自觉度相应也高，文化消费市场也相应较为完备，农家书屋的建设更能得到农民的支持，到农家书屋中看书、借书的农民也更多。在调研中，本研究发现在文化水平较高的城市的周边地区，农家书屋开展得红红火火，农民读者不但来读书、借书，还为书屋的发展建言献策，积极参与书屋开展的各种活动。而在文化水平较低的地区，虽然也有农家书屋，但有时候连门都不开，农民宁可打麻将也不去看书。

第二节　以乡村图书馆为主要模式的农家书屋运行现状

从农家书屋的职能来看，其具有乡村图书馆特色，推动了乡村文化建设。“农家书屋”工程在建设发展中由农民自主管理，分布在全国各个行政村，建设规模大，取得了显著的成绩。

一、乡村图书馆模式介绍

（一）政府办馆发展模式

政府办馆的发展模式适于东部沿海等经济比较发达的乡村图书馆。这类图书馆一般都有独立的馆舍，可以单设购书费，有固定的人员编制，属于国办公有性质。这类图书馆由乡政府承担主要责任，把图书馆建设纳入全乡发展规划、精神文明建设和文化先进单位建设的活动，将馆员工资以及购书等业务费列入财政预算。这类图书馆还可进入公共图书馆的“市—县—村”三级图书馆网络结构体系中，形成城乡结合的总分馆制，即以各城市的公共图书馆为骨干网，将乡镇图书馆纳入统一的公共图书馆网络，以各市的公共图书馆为总馆，以所辖的乡村图书馆为分馆，统一采购，统一调配资源，统一管理标准，总分馆各负其责。具体的运作方法如下：由县、市级政府主导推进，专家组成的协调领导小组对区域内的布点建设进行整体规划和协调，县、乡、村三级政府及其相关部门通力合作，在解决了资金、场地、设备、人员等主要问题后，由县、市级政府委托县、市级公共图书馆总管，采用大采编、大流通的方式，由总馆对所需图书进行统一购置、统一加工、统一调度，并在各个分馆之间定期流动、定期更新。这种政府牵头办馆的模式既改变了过去各自为政、条块分割的局面，发挥了中心公共图书馆的协调和指导作用，最大限度实现了资源共享，使图书馆稳定发展，又解决了乡村图书馆面临的购书经费紧张的问题，而且保证了乡村图书馆的发展质量，是一种符合我国国情的乡村图书馆可持续发展的有益模式。

（二）集体办馆发展模式

集体办馆发展模式是发挥乡村集体经济优势的一种模式。乡村每年都提取一定的公积金和公益金作为集体积累，用以发展文教卫生等公益事业，其中，乡村图书馆事业的发展迫在眉睫，村支部可以有效地利用集体积累，科学分配，使乡村集体办馆的实力逐渐增强。另外，村支部还可以动员农民集资办馆，即动员农民腾房、捐物，或组织有公关能力的农民向有关部门募捐等，把农民捐献的农副产品变现后的钱和募集的资金用于图书馆购书经费。

（三）联合办馆发展模式

联合办馆发展模式有三种方式。一为公私合营形式，实行民办公助或公办民助，如乡政府与村集体、个人，以及乡政府或村集体与社会力量合办；二为合伙联营形式，如与当地中小学联办，与当地的职业技术学校联办，与当地的技术推广站、农机站等机关、企事业单位共建共享；三为联姻经营形式，建立文化经济联合体，即乡村图书馆与一家或几家乡镇企业联姻，乡村图书馆提供书刊、信息等服务，企业资助图书馆，实现互惠互利的双赢。

二、传统农家书屋模式带来的成效

“农家书屋”工程是一项惠民工程，主要目的是解决农民群众借书难、买书难、看书难的问题。其提高了我国农村居民的文化修养，丰富了农村的文化生活。

（一）提高农民素质，促进农村经济发展

农家书屋图书报刊品种多样，贴近农民生活，有助于缩小城乡文化鸿沟，提高农民素质。书屋内配备了许多“三农”读物，内容详细讲授了种植、养殖技术，向农民传授了一些致富经。新闻出版部门还可以把农业科技方面的资料进行加工整合，汇编成小册子，发到农户手中，各级政府也可以请当地种植、养殖专业户在农家书屋举办讲座，向农民传播科技知识，培养新型农民，促进农村地区经济发展。

（二）丰富农村文化，推进农村精神文明建设

“农家书屋”工程是一项有益于广大农民群众的公益文化设施，旨在向农民传播先进的文化科技知识，为农民送去精神食粮，满足农民群众日益增长的文化需求。农村地区存在落后、愚昧的封建糟粕文化，农家书屋可以采取农民群众喜闻乐见的形式，把广大农民吸引到农家书屋里，接受现代文明的熏陶，转变农民思想观念，形成健康、积极向上的社会风尚，提升农民的科学文化素质，丰富农村地区的精神文化生活。

第三节　乡村振兴战略为“农家书屋“工程建设创造新契机

一、乡村经济的振兴为农家书屋发展提供了物质条件

坚持把发展乡村经济放在首位，乡村经济的良好发展可以更好地引导激励乡村文化的发展，为乡村基础文化设施的建设提供强有力的物质支撑，因

此要完善和落实文化经济政策，通过社会效益的整体改善推动“农家书屋”工程的发展。

（一）产业兴旺为农家书屋的发展提供了经济依托

乡村产业需要跳出“农”的局限，以现代农业为基础，推进一、二、三产业融合，形成产业创新融合。我国的乡村发展需要一、二、三产业的导入，形成科技化、体验化、品牌化、旅游化、工艺化的带动，在城市消费主体的充分参与下，才能突破限制，形成较强的产业创利能力。以一、二、三产业融合为基础的发展模式，更符合农耕文化传统与社会的现实，也必将成为乡村振兴最重要的支撑。构建文化与旅游的共生结构是实现乡村文化复兴的有效手段之一，旅游产业的关键是构建旅游核心吸引物，并通过旅游产品的打造及外来消费的导入实现与市场的对接，而具有区域独特性与稀缺性的乡村文化恰是核心吸引力构建可依托的根本，因而发展旅游与文化保护具有天然的联系。例如，荆州的九佬十八匠项目，通过前店后院的形式，打造一个非遗文化传承地：游客可以在现场看到漆器等十几种工艺的工匠们用传统的古法制作精美手艺品的过程，匠人们既是在生产也是在表演，游客参观累了可以在农家书屋或服务中心的图书室坐下来读读书，了解更多的当地风土人情。荆州通过这种活化态的方式将农业文化遗产呈现给大众，无疑是继承和弘扬民间技艺和艺术作品的最好选择，在发展文旅产业的同时也使读书休闲成为人们的一种生活方式，从而推动“农家书屋”工程的可持续发展。

（二）基础设施的完善为书屋文化建设聚集了人才

乡村文化的衰落主要体现在乡村文化的传承危机和发展危机，文化的传承和发展离不开人的能动性。

乡村的经济建设有利于转变乡村目前人口的单向流出，开始形成产业兴旺，人口双向流动的可持续发展结构。当地政府出于本地乡村经济建设的考虑，根据自身村落实情开展招商引资与完善自身公共基础设施的工作，从而更有力地吸引有发展前景的下乡企业、乡镇企业带动产业融合发展，通过产业集聚形成人流聚集、消费聚集，带动经济发展。同时，乡村经济的发展还为当地人提供了就业岗位以及实现了大学生等高端人才的引进。乡村居民同时作为文化服务的提供者和消费者，特别是乡村外来居民，由于具有较高的文化素养与公益事业服务意识和热情积极性，已成为乡村文化建设的工作者与志愿者，在人才挖掘乡土文化、保护与传承地方戏曲、研修培训乡土文化等文化服务事业方面发挥着“领头羊”作用。

（三）电子科技进农村为农家书屋的发展带来了技术条件

乡村经济的振兴将大量先进的电子科技产品和技术引入农村，农村也逐渐步入信息化、科技化的发展阶段，推动了农耕文化的华丽转身。科技的进步，特别是互联网技术的发展，为乡村文化振兴提供了前所未有的机会。在互联网社会，空间距离变得不再重要，文化的传播路径从单线式变为点对点式。高科技使现代社会结构由集中式、集约式转向散点式、扁平式的多中心发展模式，这为美丽乡村建设打下了基础。

电子科技进农村，推动了农家书屋信息化建设的进程。目前，农家书屋的发展可以抓住电子科技进乡村的良好机遇，密切关注世界各地的文明成果，进行涵化吸纳，在传统的乡土文化精神与现代的生活方式中实现农家书屋自我革新。传统纸质的书屋阅读方式已经不能满足人们对全息农业的了解，他们还需要网络视频等更加直观的方式来了解这些“新鲜文化智慧的应用”。所以，新闻出版部门积极发展数字农家书屋建设，并且指出要严格遵循“互联网＋书屋”思维，充分发挥有线、网络等先进技术的积极作用，还要通过“两微一端”的方式，进一步增加农家书屋的网络传播方式。各地开始探索农家书屋的建设途径，电视图书馆、数字化阅读平台、数字文化资源供给平台开始出现在各大小书屋，全民阅读时代已经开始。

二、乡村文化的振兴为农家书屋的发展提供了新动能

（一）农家书屋文化阵地职能更受重视

乡村文化最明显的特征就是乡土性，乡土文化是一种“有根”的文化，承载着乡音、乡土、乡情以及古朴的生活、恒久的价值和传统。农家书屋作为新时代文明实践中心，承载着再现知识分子与耕者并处的文化责任。乡村文化的振兴有力地推进“农家书屋”工程再造乡土中国培育人才、培育文明的能力。

农家书屋在增强农民文化自信、保障农民基本文化权益、加强农村公共文化服务体系和农村精神文明建设等方面做出了重要贡献。必须将农家书屋作为意识形态工作责任制的重要内容，作为群众性精神文明建设的重要标准落到实处；将农家书屋建设为新时代文明中心的重要组成部分统一部署，让社会主义核心价值观深入人心、落地生根；要推动形成上下联动、齐抓共管的农家书屋工作格局，加强组织领导、推进创新示范工作、完善政策保障和投入机制，并对农家书屋建设的全过程严格考核监督。

（二）城市文明涌入乡村，推动农家书屋与时俱进

乡村振兴既要塑形，也要铸魂，要形成文明乡风、良好家风、淳朴民风，焕发文明新气象。促进农家书屋可持续发展，正是实施乡村振兴战略的“铸魂”之举。融入重视个人空间、建设共同平台的现代精神，化解融入市场经济与保持个性品质的两难境地，寻找更自然、更持续、更有效率的农耕与社区规范。支持“三农”题材文艺创作生产，鼓励文艺工作者不断推出反映农民生产生活尤其是乡村振兴实践的优秀文艺作品，充分展示新时代农村农民的精神面貌。农家书屋要想在拯救乡土文明上有所成就，不仅要挖掘继承优秀传统文化，还要结合时代的潮流不断发展自己。

农家书屋的发展须以开放的态度，吸收时代文明的优秀文化因子，去粗取精，涵化吸纳。改革开放以来，以科技为基因的城市文明通过“发源地—大城市小城镇—乡村”的路径在不断改变着全国各地的文化。农家书屋作为城市文明影响的末梢，更多的是对以改良过的文化的追随，不断改变农村落后的文化面貌。在乡村经济振兴的基础上，必须通过人才集聚效应振兴乡村文化，培育和留住乡土文化人才，开展文化结对帮扶，并积极引导社会各界人士投身乡村文化建设，接收大量的城市文明优秀成果。在人口的动态流动过程中，创意、创新、科技等元素的植入必不可少，外来人群将带来大量的外来文化因子，这些与传统文化碰撞融合，将有利于形成新的、适应时代需求的乡村文化体系。

三、乡村治理改革为农家书屋的发展打造了体制条件

随着乡村振兴战略的提出及乡村治理改革的深入，农家书屋在弘扬和培

育社会主义核心价值观，重塑农村精神文明的作用受到高度重视。

（一）农家书屋逐渐成为宣传党和政府方针政策的重要平台

农家书屋作为巩固农村思想文化的阵地，拥有大量的图书、报刊、电子音像制品和相应的阅读条件、播放条件，是加强乡村党建思想的最佳场所。农家书屋通过各类党建书籍、辅导读物等加强党务工作者的科学文化素养及加强创新意识，使他们积极主动地学习新时期的新思想，顺应新的时代，展现新作为，树立正确的价值观。

（二）乡村共治为农家书屋建设提供了力量支撑

所谓乡村共治，就是在乡镇党委政府的领导和指导下，以农村“两委”会为基础，由村民、村办企业、农村社会组织、外部企事业单位及社会组织等多元主体共同参与，充分调动村民自我管理、自我教育、自我服务、自我监督的主动性和积极性，以德治为支撑、以法治为保障、以自治为核心，构建乡村政治、经济、文化、生态文明、社会和党建等方面治理体系和治理能力齐头并进的良好局面。①

在乡村共治及实施乡村振兴战略背景下，乡村社会组织的发展不断受到党和国家的支持和鼓励。2017 年 6 月，《关于深化农家书屋延伸服务的通知》提出，要积极创造条件，运用多种手段，对开展延伸服务的农家书屋给予激励、扶持。要建立健全农家书屋管理员培训机制，不断提高管理人员素质。农家书屋作为乡村共治中的多元参与主体之一，已成为农民文化利益的代言人，农家书屋为爱学、乐学、想学的村民或知识分子提供知识来源，村民在参与书屋活动中又赋予了农家书屋新的生命力。村民集体参与乡村文化生活建设，为农家书屋可持续发展提供力量支撑的同时，农家书屋也在不断满足来访者对文化知识的需求。②

（三）农家书屋成为助推乡村德治法治建设主阵地

乡村基层组织在实践探索中提出：“德治是基础，法治是保障，自治是

① 袁金辉，乔彦斌．自治到共治：中国乡村治理改革 40 年回顾与展望 [J]. 行政论坛，2018，25（6）：19–25.

② 佟玉芳．农家书屋走完“最后一公里”[J]. 中文信息，2017，1（2）：18.

目标。”坚持厉行德治，注重乡土人情、德道规范的情感认同，增强乡村自治和法治的道德底蕴，为自治和法治赢得情感支持、社会认同①，从而实现善治。

农家书屋在乡村基层普法教育中具有“前沿阵地”的作用。为了更好地实现以农家书屋为载体，更加广泛地在农村地区宣传和普及法律知识，甘肃省新闻出版局组织策划了“农家书屋文库法律系列”重点法律类图书。该系列丛书内容涉及农业生产经营、财产权、义务教育、税收、环境保护、婚姻、进城务工人员权益保护等。

近年来，农家书屋经常开展“送法下乡”读书活动，扎实跟进法律援助，引导依法维权和信访维稳相结合，培养村民自觉守法、遇事找法、办事依法、化解矛盾靠法、解决问题用法的法治意识，营造良好的法治氛围。例如，甘肃省农家书屋法律类图书无论是品种、册数、码洋，还是信息量、实用性、通俗性，都呈现不断增加的趋势。农家书屋正在不断满足基层群众精神文化需求，逐步提升群众学法、用法的自我维权意识，继承和发扬勤劳致富、勤俭节约、尊老爱幼、遵纪守法等传统美德，进而重塑适合农民需求的社会价值体系。②

第四节　借助乡村振兴战略推进农家书屋的数字化转型

一、农家书屋数字化概念及类型

农家书屋数字化建设是用数字化手段对农家书屋建设、管理，当前数字农家书屋有四种类型。

（一）农家书屋数字化概念

周舟认为，农家书屋的数字化建设是利用数字化技术，在现有农家书屋的基础上，把书屋资源整合利用，并对其补充、发展，把农家书屋建成以数字化资源为核心内容，依托网络资源，利用电子技术，为农民提供高质量的

① 伍应洪．论新时代乡村治理体系的路径选择［J］．改革与开放，2018（22）：5-7.

② 甘肃省新闻出版局．农家书屋推动农村法制建设［J］．党建，2012（11）：46-48.

数字化信息资源和快捷的服务。他指出，农家书屋数字化建设的大部分出版物逐渐以由纸质出版为主向以数字出版为主，而且农家书屋由以单一的被动的信息获取方式变成主动的以读者需求为主的多向服务模式。[①]

在王仕勇看来，农家书屋数字化就是在农村建立公共的数字图书馆，使书屋达到用数字化手段制作和收藏资料、用电脑系统进行管理、用网络手段传输信息的程度，实现资源共享。他认为农家书屋数字化建设要依据现代传播理念，进行高起点建设。[②]

（二）数字农家书屋类型

当前数字农家书屋有以下四种类型。

第一类是互联网数字农家书屋。依据三网融合技术，将数字信息直接传递到农民家里的互联网设备上，农民可以直接通过互联网阅读最新的书籍报刊和音视频资料，这相当于拥有了一个小型的农家书屋。

第二类是卫星数字农家书屋。利用卫星技术，把高质量、高品质的电子图书、期刊和音视频资料及时快速地输送到农民家庭，农民可以通过电视、电脑等终端设备观看这些数字化内容，更新速度快，内容丰富多样。

第三类是移动阅读数字农家书屋。通过手机、电子书等移动阅读设备，可以实现二十四小时随时随地阅读，数字资源庞大又易于携带，农民朋友可以在移动阅读器上下载自己喜欢的内容。

第四类是数据库型数字农家书屋。通过在电脑上安装拥有海量数字资源的终端软件平台来实现个性化的阅读功能。例如，CNKI 数字农家书屋服务平台属于此种类型，它拥有庞大的专业期刊、报纸等资源，受众可以直接搜索自己想看的内容，并给予反馈。

二、农家书屋数字化模式转型的必要性

乡村振兴战略的提出，要求各地不断丰富乡村文化活动，拓宽群众精神文化生活，提升群众文化素养，扎实有效地推进精神文明建设。在此背景下，农家书屋作为乡村振兴的“加油站”，迫切需要进行数字化转型。

---

① 周舟．农家书屋与西部地区新农村建设研究[J].经济地理，2010，30（4）：668-671.

② 王仕勇．推进农家书屋数字化建设的思考[J].出版发行研究，2012（8）：36-38.

（一）有助于完善管理体系，开展多元化数字服务

农家书屋数字化模式可以实行网络化管理，利用图书馆管理系统，对每本书登记入库，妥善解决实体书屋图书丢失、浪费严重问题，互联网数字农家书屋利用网络管理图书，防止图书流失。卫星数字农家书屋直接把资源投递到农户的家庭，在电视机上阅览图书，减少纸质图书借阅率。农家书屋数字化模式利用多种类型的数字化技术提供多元的数字服务，解决书屋开放时间和农户空闲时间不符问题，移动阅读数字农家书屋没有时间和空间的限制，可以随时随地浏览图书。农家书屋数字化模式要求书屋管理员在网络上长期接受培训，并受上级部门远程监督，以解决书屋管理员队伍专业不精、管理不善问题，通过互联网系统使书屋的管理科学有效。

（二）有助于弥补内容建设的缺失，提供多种阅读方式

农家书屋数字化模式资料丰富，互联网上有许多农业、科普、文化网站，许多出版社、报刊社也都把内容资源进行数字化处理，大大丰富了农家书屋的内容建设，而且农家书屋数字化模式还具有更新及时方便的优点，能对内容进行检索、分类和统计等。数字农家书屋除了将传统纸质图书、报刊数字化外，还对音视频资料数字化，为农民提供多种形式的信息资源。卫星数字农家书屋通过卫星及时快速地传递信息，内容丰富，突破时间限制；互联网数字农家书屋帮助农民在拥有互联网的地方阅读图书，突破空间限制；数据库型数字农家书屋为农民提供个性化的阅读服务，获取最新农业信息；移动阅读数字农家书屋具有携带方便的优点，通过无线传输，可以随时阅读。

（三）有助于降低投入成本，节约资金

农家书屋在全国符合条件的行政村建立完成，但是后续管理中持续性资金投入问题未得到有效解决，农家书屋建设、管理需要充足的资金保证，这就需要政府最大化地合理利用有限的资金。如果把投入传统农家书屋模式的等量资金转入农家书屋数字化模式建设中，带来的效果将极大地超过传统农家书屋模式，农家书屋数字化模式的图书成本较低，一本书可以实现多人一起阅读，降低书屋的图书配置成本。它还能节约印刷耗材，缩减政府在纸质图书上的资金投入。可以解决信息传播不及时问题，减少传统通过人力、物力运输所产生的资金浪费，保证信息通畅，提高工作效率，节省成本。卫星

数字农家书屋可以把每一个农户家庭变成一个小型的农家书屋，实现资源共享，避免重复建设。

三、农家书屋数字化转型面临的现实困境

农家书屋数字化模式虽然能解决传统农家书屋模式在运行中出现的一些问题，然而它也不是万能的，农家书屋数字化模式在发展中也面临着诸多挑战。

本次研究主要走访了已进行数字化建设的农家书屋，初步了解到数字农家书屋建设的基本情况，利用率高的农家书屋仅有 9%，利用率低的高达 70%。有 80% 的农家书屋配备有电脑和打印机设备，这些电脑设施有 67% 能保证正常上网，上网的经费由行政村承担多数的有 70%。管理人员经过培训的占 60% 左右，这些管理员中，18% 具有大学文化程度，40% 为高中文化，剩下的是初中文化水平。村民会使用电脑阅读图书的有一半左右，了解数字农家书屋的有 16%。本次调研发现了部分数字农家书屋建设中的不完善之处。

（一）管理信息系统互通性差，网络使用技能欠缺

管理系统数字化程度低，缺乏互通性，各部门之间协调困难。一些地区虽然开始进行数字化建设，但还是未能用数字化手段管理农家书屋，也无法进行有效的监督。例如，在数字农家书屋的书目管理功能上，电子格式的书籍目录缺乏对原始数据和其他相关内容的记录，容易造成农民阅读资料困难，不了解信息的本质意义。同时，书籍目录的数据格式只有在书屋的数字化系统内才能查询、操作和运行，不能在其他系统内记录，也无法实现人机界面服务。因此，农家书屋数字化平台也就无法和外部数据库相互联通，导致读者逐渐忽略此服务。

农家书屋数字化建设尚处于建设发育期，许多书屋管理员不能熟练使用农家书屋数字化管理平台，缺乏图书管理知识和基本的信息检索能力。一半村民还不会使用互联网和打印机，无法进行数字化阅读，对村民普及电脑的使用技能培训工作是一项浩大的工程。

（二）各地域数字农家书屋类型单一，无法满足阅读需求

根据每个地区的现有条件，数字农家书屋主要选择一种类型，但是这些数字农家书屋类型也各自存在一些缺陷。卫星数字农家书屋互动性差，农民

无法及时反馈需求，只能被动接收信息；互联网数字农家书屋提供的都是影像方面的内容，形式单一，不能满足农民多方面的阅读需要；数据库型数字农家书屋提供的资料过于专业化，和农民目前的文化水平不相符；移动阅读数字农家书屋在农家书屋的投放数量有限，限制了农民的使用。

农家书屋数字化模式建设现状是“一个行政村一个数字书屋”的形式，在内容获取上比较及时、便捷、高品质。但是它实时更新方面较差，也不利于多人阅读，每个人喜爱的类型都不同，有人想看电影，有人想看农业知识，无法满足每个人的需求。

（三）东西部经济差异大，网络未能全面覆盖

数字化设备的前期投资很大，特别是在西部经济发展相对落后的地区，资金严重短缺。

数字农家书屋的发展需要高技术含量的数字设备，但是就现实而言，农村的技术水平偏低，部分西部农村地区和偏远山区还未通网，互联网数字农家书屋模式无法在该地区使用，这也需要在这些地区投入大量资金，普及网络资源。在偏远的村落架设有线光缆的难度很大，需要耗费巨大的成本，数字资源建设难以得到真正落实。以卫星数字农家书屋模式来说，一个卫星数字农家书屋的初始安装费就是2000元，后期每年维护费用是1000元，这对于一户农村家庭来说是一笔较大的开支。

四、农家书屋数字化转型可持续发展建议

（一）用数字化手段优化管理结构，创新多种服务方式

农家书屋需要通过数字化手段对管理结构进行优化，提高管理信息的传播速度，简化层级结构，降低信息沟通障碍。为使农家书屋获得长久持续发展，做乡村振兴道路上的可堪“大”用者，针对农家书屋数字化模式建设中面临的问题提出以下几点建议。

1. 建设数字化管理平台，为农家书屋建设提供制度保障

农家书屋数字化模式要建立健全农家书屋资金管理办法和书屋管理、服务等各项规章制度。在书屋管理上，借鉴图书馆管理办法，如图5-1所示，制定一套规范、完善的图书管理工作流程，切实发挥书屋作用。

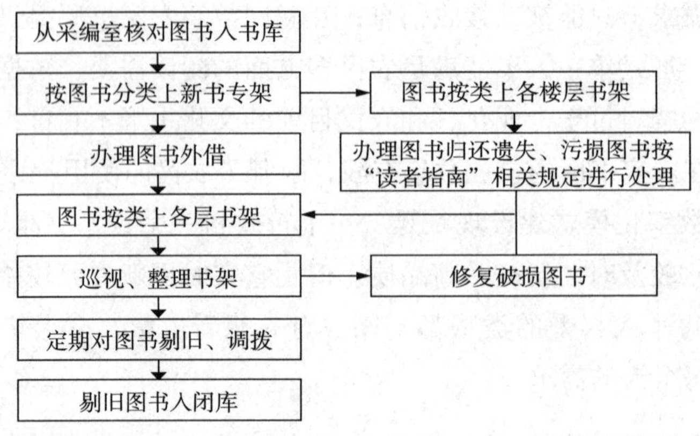

工作要求：
1. 按要求管理书库，做到排列有序、保管良好、清洁整齐。
2. 认真做好图书的借还、确保财产的安全，对违章、污损、失图书者按“读者指南”相关规定进行处理。

图 5-1 图书管理工作流程

除了上述流程，还要为农家书屋管理员建立一套适合他们的培训制度，按照图书管理流程，培训管理员在图书登记、借阅等方面的能力，熟悉从图书分类到读者借阅等各个环节的流程。在借阅过程中，管理员要做好图书报刊破损、丢失的防护性工作，建立图书归还制度，对于借书不还者或者丢失图书者可以采取必要的强制性手段。在资金管理方面，要严格按照《“农家书屋”工程建设资金使用管理办法》，合理使用资金，不能挪用、私占农家书屋的建设资金，要把每一分钱都用在书屋的运行、管理上。

农家书屋数字化模式需要建立农家书屋管理系统，利用数字化技术，建立省新闻出版广电局、市文化局、县文化局的宏观管理层组织。对接所有农家书屋信息、数字管理平台和各级主管部门，省、市、县各级管理部门要能够实现跨级监督农家书屋工作，使得管理信息全透明。农家书屋可以通过互联网将实际问题反馈到相关单位，保证所有问题和回复透明化，建立自下而上的监督机制。把农家书屋建设摆到和经济社会发展同等重要的程度，建立基层考核、奖惩机制，作为乡、村领导业绩评估的一项考核内容。

2. 加强数字农家书屋管理员队伍建设，创新多种服务模式

数字农家书屋要有专人管理，首先农家书屋要严格选拔书屋管理员，专

职人员要比兼职人员更能管理好书屋。例如，村里的退休教师、干部和大学生村官等，他们大多有较高的文化水平，受到当地农民的信任，也醉心于文化事业，农民可以在他们中选择有责任心、有爱心、能担当的人做专职书屋管理员。还可以推广江西省新闻出版局的做法，即与江西省残疾人联合会合作，选拔有文化的残疾人担任书屋管理员。其次要对管理员进行必要的培训，管理员要保证书屋的正常开放时间，可以根据当地实际，做出适当的调整，方便当地农民借阅。担任书屋管理员的大多是村干部，他们对图书管理流程不熟悉，要对他们进行必要的培训，及时总结经验教训，做好培训结果检查工作。再次对管理卓有成效的地区和管理员发放物质奖励，鼓励其对书屋继续做出创新。最后是要解决书屋管理员的薪酬待遇，按照村干部的工资标准，给管理员适当的补助，从而调动管理员的工作积极性。同时，书屋管理员要听取农民在内容资源方面的需求和他们提出的农家书屋在运行、管理中应该改进的地方，鼓励农民创造性地发挥。

农家书屋管理员要提供多种服务方式，宣传农家书屋。对于会使用网络的村民来说，管理员的网络化管理方式可以提高他们对农家书屋的使用满意度，村民可以单独在农家书屋获取信息，很方便地查阅各种信息。但是老人、儿童大多不会使用网络，而农村的留守老人和留守儿童又比较多，这类群体更需要得到关怀，通过和人直接交流获得精神慰藉，农家书屋可以提供真人图书馆模式帮助他们。农家书屋的管理员可以组织小型的真人图书馆，管理员可以为老人和儿童提供面对面的讲解。对于老人，管理员可以登门拜访，现场答疑解惑；对于小孩，可举办各种活动，宣传农家书屋，丰富其文化生活。

（二）整合数字化内容建设，构建适合农家书屋发展的环境

农家书屋的数字化内容根据农家书屋的发展政策、性质、建设宗旨等，从多个环节建设优秀的数字内容，确保数字资源适合农民需求。

1.增加特色内容，构建数字信息资源网

农家书屋数字化模式在内容建设上需要全面地收集、整理和保存传统文献资源，同时还要建设好网络信息资源和数字信息资源。

首先，为农民选取有用的图书和报刊资源。农家书屋要想在农村发展得好，就要为农民送去能帮助到他们的书刊。图书配备人员要做好充分调研，

借鉴贵州省注重调查研究，设计调查问卷，走访农户的做法，深入了解当地居民的真实阅读需求，多样化地为他们配备合适的书刊。不管是农业科技类、文化教育类，还是医药卫生类和文学艺术类都要占一定比例，以满足农民需求。在书籍内容上要有实用性、层次性、多领域性，并按需求统计数据显示的比例进行科学配置，使农村各类人群都有合适的书籍可读。

其次，书籍报刊应及时有效更新。书籍报刊要随着农民的实际需要及时更新，书屋管理员不仅要管理好图书，还要及时了解农民的阅读需求，书屋内的书刊不可能满足所有农民的需求，这就需要书屋管理员及时准确地把农民的需求信息反馈给出版部门，力争高效率地选购农民需要的书籍报刊，并快速地投放到书屋中。数字农家书屋的内容建设中首先要调查农民的阅读需求，选择农民需要的信息资源，对内容进行及时的更新，合理配置图书内容，制作出有价值的内容资源供农民阅读。

再次，内容建设还要适应不同地区的民俗文化和自然经济条件，突出地方特色，适合农村地区的文化水平，让农民能看懂，最大限度地满足当地弄民的需求。书屋要为儿童多配备能启蒙心智的优质儿童读物，增加知识，辅导心理，为妇女多提供生活服务类图书，方便到城市务工，提升在城市生活的熟悉度、竞争力，还要为老人多提供养生类图书，注重身体健康。要力求为农民提供一对一的个性化服务，按照各个地区、各个层次农民的需求特点，为农民提供具有特色的内容资源。要多配备通俗易懂的、生动形象的内容资源，满足农民信息方面的多元化需要，提高内容服务质量。

最后，要丰富农家书屋基本网络设施，延伸内容服务。对于部分网络没有覆盖的农村地区，每个农家书屋要以传统农家书屋建设模式为主，多配备纸质图书报刊，书屋的电脑里也可以预下载大量电子图书，供农民离线观看。在具备网络条件的地区，书屋内要采用数字化模式建设内容资源，农民可以登录数字图书馆，免费阅读多种书刊，并且提供下载打印服务。

2. 丰富数字内容形式，培养农民的阅读习惯

首先，要让农民从根本上认识到学习文化的重要性。政府可通过有针对性的宣传教育，让农民认识到他们之所以贫困的主要原因是知识贫乏，让农民重视对文化知识的迫切需求，从而养成爱好学习的习惯，从知识中获取力量，改变现在的贫穷局面。

其次，应积极开展各种娱乐活动。各级领导应举办丰富多彩的活动，把群众吸引到农家书屋来。可以把村民集中在一起宣传农家书屋，在农村发放介绍农家书屋的宣传单，在村委会外面的宣传栏上张贴农家书屋简介，让农民充分了解到村里的农家书屋可以免费借阅图书、报刊资料，让农民认识到多读书可以找到致富路。结合各地实际，可以把农家书屋和“农家乐”相联系，吸引社会各界的关注，扩大对农家书屋的宣传效果。有些地方还可以在书屋里举办书法、绘画等各种比赛，进行种植辩论大赛，以娱带学，从而引起农民的阅读兴趣。常州市的做法值得全国推广，它把农家书屋作为一个联系各个行政村的平台，在行政村举办读书竞赛，指导他们成立“读书小组”，促进书屋和书店相互合作。

农家书屋数字化模式内容资源丰富多样，通过平台为农民提供满意的数字内容。文字、图像和声音的结合给农民带来了全新的体验，可有效吸引农民到农家书屋，提高书屋利用率。农家书屋数字化模式还能以数字化设备为载体，建立手机农业信息输送终端，为农民提供人性化的服务，还可以利用网络平台进行农产品交易，搭建营销平台，利用现代化科技手段帮助农民更好地阅读。针对农民想更加直观地了解书籍信息，以及一些农民不识字的情况，也为了满足阅读的多样性，农家书屋可以依托“三网融合”的优势，在书屋内配备现代化阅读视听产品，如电脑、电视等，让农民能看得懂书屋的书刊资源。

（三）以政府投入为主，探索数字农家书屋长效经营机制

农家书屋是一项公益文化活动，应以政府的资金投入为主，适当引进社会力量建设农家书屋。整合政府的多种惠农工程，最大化优化政府的资金投入。农家书屋数字化模式下还能利用数字化技术开展公益性经营，增加书屋收入。

1. 加大政府投入，走社会公益与市场机制相结合的道路

数字农家书屋的可持续发展必须具备充足的资金保障。各个县市的财政部门要把维持书屋后续运行的资金纳入专项预算。根据每个地区发展水平不同，中央投入的资金可以有所差异。

“农家书屋”工程基本覆盖了全国所有的行政村，规模相当庞大，单靠有限的政府资金投入，很难保障充足的后期运营经费，虽然鼓励社会捐助也是一个很好的形式，但是通过该形式筹集的资金不稳定，无法保证农家书屋的正常运

行。为了保证资金的来源，相关部门要采取多种措施，探寻多种渠道，根据各个地区的经济发展状况和农家书屋的建设质量，专门拨一笔资金作为奖励基金，以此鼓励那些农家书屋建设得比较好的地区，带动其他县市加大资金投入。

数字农家书屋可以通过一些公益性质的经营方式来获取资金，维持其长期的运作。农家书屋可以开展网络缴费、网络订票业务，与邮政、快递公司等机构合作办理收发、邮寄业务，还可以销售图书、音像制品和文体用品等，通过这些服务获取资金收入，使农家书屋的公益化经营长期稳定地进行下去。

2. 利用网络信息技术提高资源共享，降低投入成本

数字农家书屋应运用数字化技术，在现有的农家书屋的发展基础上，进行有效的资源整合，避免资源浪费，降低政府的资金投入。农家书屋可以和文化信息资源共享工程相结合，利用网络信息技术，对文化信息资源优化组合。把人口文化书屋工程、农村文化活动中心、信息资源共享工程、送书下乡工程和农家书屋等一系列惠农工程整合起来，集中这些资源，从而最大化利用图书、网络、场地等资源。还可以将党员活动室、文化活动室以及会议室集合在一起，形成农村特有的文化广场。

农家书屋数字化模式实现网络化管理，书屋可以实行图书轮换制，实现书屋与书屋之间、书屋与图书馆之间的轮换。图书馆应该以农家书屋为契机，把农家书屋作为其在农村地区的延展，扩大服务范围，提高服务效率。农家书屋要借鉴图书馆在图书购买、读者服务和规范化管理等方面的优势，推动农家书屋发展。农家书屋与图书馆的结合能保证各个书屋经常有新书，缩减图书经费。充分利用人力、物力、财力，减少政府的重复投入，避免资金浪费，降低人员闲置率，优化资源共享，把有限的资金最大化利用起来。

例如，安徽省六安市霍山县开展了县级图书馆、乡镇图书室和行政村农家书屋三者相结合的图书借阅模式，实现资源共享。在一个地方办卡，其他两个地方都可以使用，使农民借书更加方便、快捷。重庆沙坪坝区把各个行政村内农家书屋的书籍进行统一编码，实行“图书银行”模式，书籍归区图书馆统一调配，以保证图书在各个农家书屋的有效流动。这些好的服务模式可以推广到其他地区，根据地区特点加以改进施行。

第六章　孵化乡村文化的暖巢项目——留守儿童阅读推广

第一节　留守儿童阅读推广的研究基础

一、儿童阅读推广概念界定

所谓儿童阅读推广，是指基于阅读对儿童所产生的巨大影响，在儿童阅读的正确理念和科学规律指导下，通过各种方法向儿童和有引导能力的成年人介绍优秀阅读素材、阅读指导方法和阅读理念，逐步引导儿童爱上阅读，提升儿童的阅读能力，帮助儿童成为“自觉的、独立的、热诚的终身阅读者”，并同时改善儿童阅读环境的过程。

儿童阅读推广的概念，如图 6-1 所示。

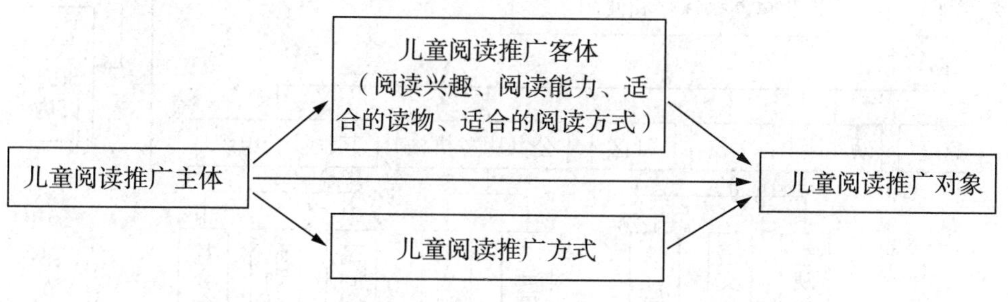

图 6-1　儿童阅读推广概念示意

儿童阅读推广的主体，是各类儿童阅读推广项目的策划者、组织者、实施者、管理者。

儿童阅读推广的客体，是儿童阅读推广的内容，包括儿童的阅读兴趣、阅读能力、适合的读物、适合的阅读方式四个层面，通常表现为四个层面的有机结合。

儿童阅读推广的方式，是向目标群体进行推广所采用的方法、策略。儿童阅读推广的对象，不仅是儿童，也包括成年人。

儿童阅读推广，当然意味着主动的姿态、积极的开拓，从性质上表现为主动传播。

儿童阅读不仅仅是儿童与书的关系，当我们站在社会的层面上观察，这一行为实际上深受其他因素的影响。要想真正推动儿童阅读，仅在小范围内讨论问题是远远不够的。

儿童阅读推广是一个涉及面非常广的社会系统工程，这个系统工程又可以分为纵、横、总合三个子系统。具体如图 6–2 所示。

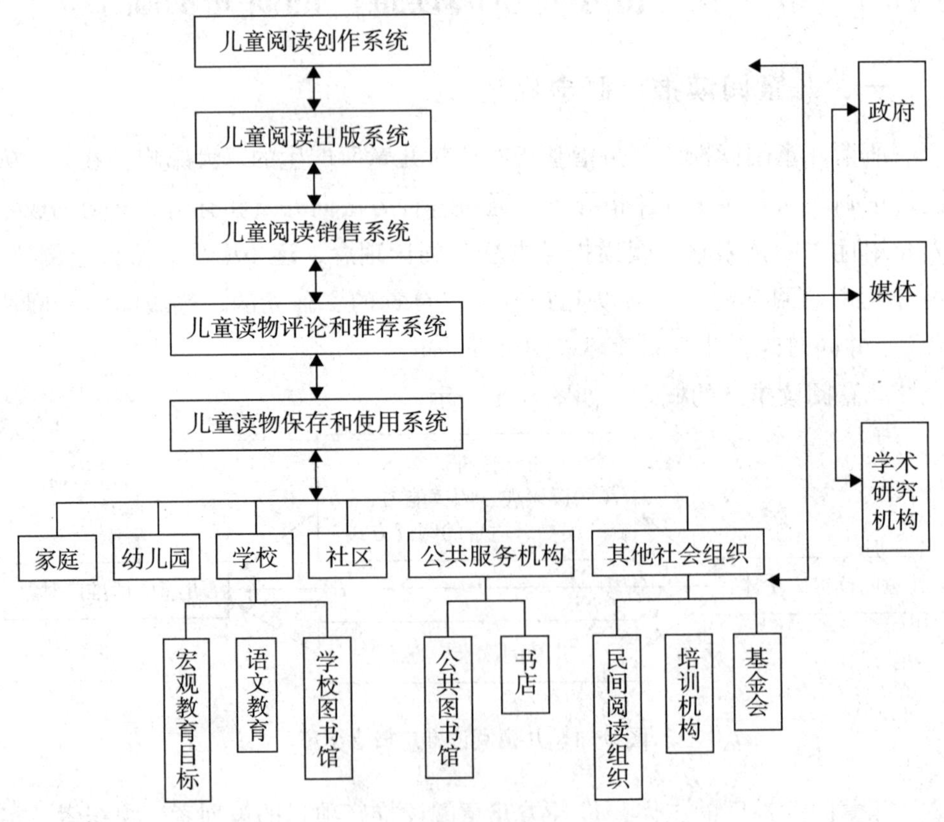

图 6–2　儿童阅读推广系统

纵向来看，儿童读物的生产与流通过程涉及儿童书的创作与出版，儿童书的推荐与评论，儿童书的销售与购买，儿童书的使用等各个环节；横向来看，儿童阅读的空间涉及家庭、幼儿园、学校、社区、图书馆、书店等最主要的环境。儿童阅读推广的总合系统如政府、媒体、学术研究机构，对儿童阅读推广纵向系统和横向系统的各个方面均构成影响。

在这个系统中，各个子系统共同构成儿童阅读推广系统的有机总体，各个子系统之间也是互相影响的。例如，儿童读物出版系统深受儿童读物创作系统的影响，儿童读物创作系统必须提供好的作品，才能使儿童读物出版系统获得不断发展。反过来，儿童读物创作系统也深受儿童读物出版系统和销售系统的制约，因为作家必须按照读者需求来创作，其作品才有出版的可能。在出版社，销售人员往往更能洞察读者需求，进而要求策划、编辑人员顺应市场，有可能制约编辑的思想性和主动性。儿童读物出版和销售系统的良性互动是出版社要解决的核心问题。

二、图书馆在留守儿童阅读推广中的优势

（一）馆藏优势

图书馆保存着丰富的文献信息和馆藏资源，这些都是为留守儿童提供阅读服务的坚实基础。没有哪一个家庭和哪一所学校能够拥有像图书馆一样丰富的文献资源。在图书馆，留守儿童可以扩展自己的阅读面和知识面。在推广儿童阅读的所有力量中，图书馆在文献资源方面的投入要远远大于家庭，而且这些文献资源更新速度快，更新频率高。图书馆的这些馆藏能随时提供给儿童及他们的家庭，这就大大削减了家庭在这方面的投入。从另一个角度来看，学校图书馆在应试教育的压力之下更多的是注重和教学有关的阅读，儿童在这种环境下很难自由地选择图书。同时，图书馆的文献资源不仅在数量方面遥遥领先，在涉及面和阅读形式上更是完胜学校图书馆。相对那些传统的阅读形式，图书馆拥有如多媒体资料等一些新形式的馆藏。

（二）人员优势

随着图书馆发展规范性和专业性的提高，各个图书馆的人才储备较之以往都有了很大的提高。目前大多数图书馆都拥有专业的图书馆馆员，这是图

书馆在留守儿童阅读推广活动方面较之其他场所有着得天独厚的人员优势。很多工作人员在图书馆工作多年，具有丰富的工作经验，具备从事留守儿童阅读推广的能力，拥有为留守儿童阅读提供服务的主动性和能动性，具备对待留守儿童的工作方法和耐心。现在，大部分的图书馆内基本都设有专门负责留守儿童阅读推广的馆员，他们可以根据留守儿童的不同年龄给出合适的意见，根据不同的留守儿童的具体需求，进行针对性的服务。另外，图书馆留守儿童阅读推广活动的发起者，可以定期邀请留守儿童阅读领域的专家学者为家长、留守儿童解答关于留守儿童阅读的各种问题，与家长进行交流和互动，为家庭阅读提供合理化建议。在全国范围内，类似的阅读推广活动一场接着一场，这些都得益于图书馆的大力支持。

（三）环境优势

图书馆在硬件环境方面有着巨大的优势，可以为读者创造绝佳的阅读环境，使他们能够在清静的环境中独自享受阅读带来的乐趣。此外，图书馆拥有浓厚的阅读氛围，吸引留守儿童经常来读书并参加阅读推广活动。阅读是由内心发起的一种体验过程，阅读的乐趣一部分来源于所阅读的读物，同时，阅读的环境和氛围也能为阅读带来乐趣。社会的不断发展促使图书馆摆脱以往的千篇一律的形象在外观设计上有所突破，有些图书馆的造型甚至别具一格。在室内设计上，图书馆也变得十分人性化，环境变得更加舒适和温馨，能激起读者的阅读欲望。阅读环境包括两个方面：一是硬环境，包括桌椅、照明、温度调节设备等；二是软环境，主要指的是阅读环境所创造的且读者能够感受到的气氛，图书馆在创造阅读环境时，应该充分考虑到留守儿童这一特殊群体的特征。目前，很多图书馆为了方便留守儿童自己拿取图书，选择了低矮的书架。同时，在座椅上摆放玩偶，墙壁上贴上可爱的图画来为留守儿童的阅读提供轻松愉悦的环境，进而吸引更多的留守儿童前来阅读。

三、图书馆在留守儿童阅读推广中的类型

（一）分级阅读

分级阅读的意义在于按照阅读能力和水平对不同年龄段的儿童制订相

对应的阅读计划。让不同年龄不同阅读水平的儿童均可以找到能够满足自身需求的读物，有效提升阅读的科学性及针对性。随着儿童年龄的增长，他们的阅读能力也会有所提升。因此，我们要为各个年龄的儿童设定阅读能力目标。图书馆员要根据留守儿童不断发展的阅读需求及时添加图书以丰富馆藏信息资源，将馆藏资源与分级阅读结合起来，对馆藏进行标识，以方便留守儿童根据分级选择适合自己的读物。

（二）讲故事

图书馆发起的讲故事活动的形式一般来说有讲故事比赛和组织人员带领留守儿童进行阅读。讲故事比赛就是邀请小朋友自己来表演，形式可以多样。可以是讲述的形式，也可以是讲演结合的形式，还可以用特定的服装来辅助演讲。组织人员带领留守儿童进行阅读指图书馆馆工作人员一般选择具有代表性且儿童普遍感兴趣的优秀儿童读物，带领留守儿童一起阅读。例如，温州市图书馆每周都会开展一次“向日葵姐姐讲故事活动”，向日葵姐姐讲的故事都十分精彩生动，深受留守儿童的喜爱。在这样的活动中，故事的讲演人经常会根据故事的内容适时提出一些问题，从而引导留守儿童的思考和想象，鼓励留守儿童表达自己的看法与见解。活动中间会加入一些有奖问答的竞赛环节，积极发言回答者可以获得一些小的纪念品。这些生动的故事讲述吸引着留守儿童对阅读的兴趣，一定程度上培养了他们的阅读兴趣。

（三）影片欣赏

图书馆所播放的影片是经过馆员精心挑选的，大都很精彩，能吸引留守儿童的参与，引发他们的思考。这里说的影片欣赏主要是具有相关联系的影片，它们往往拥有一致的主题，适于留守儿童在看完影片后产生感触和联想。留守儿童可以自己选择电影观看，还可以选择与电影相关主题的图书阅读。例如，合肥市少年儿童图书馆在周末都会举行“小影院”影片欣赏活动，播放的影片都是专业的馆员精心筛选出来的。无论从哪个方面来说都非常适合儿童观看。孩子们在一起观看正能量的影片，能够很好地起到带动作用，形成互动和讨论。观看结束后要求儿童进行复述和讲述，这样可以锻炼儿童的表达能力和归纳能力，同时还能让孩子养成集中精神的习惯，对孩子在课堂注意力的集中有一定的作用。

（四）讲座

图书馆作为阅读活动的主体，经常邀请相关专业的专家学者到馆开展各类主题的讲座活动，这类活动往往拥有丰富的内容和多样的形式。例如，深圳市少年儿童图书馆定期邀请专家到馆给家长和孩子开展公益讲座，如“新书大家读”“好书分享”等系列讲座；温州市少儿图书馆深入乡村开展的“儿童艺术教育”系列讲座；等等。讲座的形式留守儿童较为容易接受，很多孩子会和平时上课联系到一起，自觉遵守纪律。同时，专家的讲座内容精彩、形式多样，让孩子有更多的兴趣。

除了以上提到的这些类型的活动，还有在一些如阅读会的阅读活动等。儿童阅读推广活动类型多种多样，以上类型也只是活动的一部分形式。张雪梅认为，随着数字化设备的普及，读者的阅读方式、途径以及特点早已今非昔比。为此，图书馆应该及时更新自身对上述改变的认识，不断优化各种阅读媒介，创建并应用更加合理的阅读推广模式。

第二节　留守儿童的阅读环境及其现状

阅读环境泛指影响阅读者进行阅读活动的一切外界因素的总和。在客观世界里可分为宏观环境与微观环境。宏观环境指的是阅读者所处的具体时代大环境，包括经济发展水平、社会制度、文化背景等。微观环境指的是阅读者身处的具体生活小环境，包括所在的家庭、学校、社区、工作单位等一切社交领域。王旭冉则从另外几个维度把阅读环境归纳为物理环境与精神环境。物理环境包括图书资料、阅读场所、家庭经济收入状况等，精神环境包括儿童家长或监护人的阅读素养、阅读时间、阅读指导以及开展的阅读活动等。

本研究的留守儿童阅读环境具体指阅读的微观环境，借鉴曾祥芹、王旭冉等人对于微观环境的特点、内容的论述，本节在实地调研的基础上，以湖南省岳阳市东山镇农村地区的三所中小学校（长江小学、江洲中学、塔市驿中心小学）为例，对留守儿童所处的家庭、学校、社会阅读环境进行了全面调查和深入研究。调查共发放问卷 248 份，有效问卷 194 分，问卷调查有效率约为 78.0%，所调查的留守儿童年龄界定为 8~15 周岁，其中 10~12 岁者占总人数的 70.6%，儿童平均年龄为 11.5 岁，儿童年龄集中在 11 岁左右。

综合调查所得数据，从社会、家庭、学校这三方面全面系统地了解了岳阳市东山镇留守儿童的阅读现状。

一、家庭阅读环境不良

家庭是儿童的第二所学校，家长是儿童的第一位老师，家长的言行举止以及家庭阅读的氛围和物理环境对儿童阅读具有重要的引导作用。基于“留守儿童”这一特殊群体，本研究的家庭阅读环境主要包括监护人对留守儿童的阅读活动的支持、监护人对留守儿童的阅读指导、监护人的阅读习惯及家庭为儿童提供的阅读物理条件等。

（一）监护人对支持留守儿童阅读活动的行动力堪忧

1.监护人对留守儿童阅读活动的态度（见表6-1）

表6-1　监护人对留守儿童阅读活动的态度

态度	频率	百分比（%）
支持	42	46.15
较支持	33	36.26
不支持、不反对	11	12.09
较反对	4	4.40
反对	1	1.10
合计	91	100.0

2.家庭年均购买图书情况（见表6-2）

表6-2　家庭年均购买图书情况

家庭年均购买情况	频率	百分比（%）
基本不买	7	7.69
1~5 本	70	76.92
6~10 本	11	12.09
10 本以上	3	3.30
合计	91	100.0

表 6–1 显示，46.15%、36.26% 的监护人对儿童阅读持“支持”“较支持”的态度，对留守儿童阅读活动“不支持、不反对”的监护人占 12.09%，对留守儿童进行阅读活动持“较反对”和“反对”态度的分别为 4.4% 和 1.1%。这说明，留守儿童的监护人在认知上赞同阅读对儿童自我发展的重要性。但在表 6–2 中可以看出，留守儿童监护人在认知和行动力上大相径庭，选择购买“1~5 本”的占 76.92%，选择购买“10 本以上”图书的仅仅有 3.3%，甚至 7.69% 的监护人选择“基本不买”图书。正处于接受义务教育阶段的留守儿童，他们对世界充满好奇，渴望接触到更多的新奇事物，家庭年均购买的图书量根本达不到儿童的需求值。

（二）监护人对留守儿童的阅读活动指导不足

表6–3　监护人对留守儿童阅读活动指导情况

阅读指导	频率	百分比（%）	有效百分比（%）	累计百分比（%）
指导并讨论	7	7.7	7.7	7.7
指导不讨论	11	12.1	12.1	19.8
偶尔指导	17	18.7	18.7	38.5
不指导	56	61.5	61.5	100.0
合计	91	100.0	100.0	—

从表 6–3 监护人对留守儿童阅读活动指导情况表可以看出，有 61.5% 的监护人在儿童阅读活动中“不指导”，18.7% 和 12.1% 的留守儿童监护人“偶尔指导”和“指导不讨论”，而在儿童阅读过程中给予“指导并讨论”的仅有 7.7%。经过访谈个别留守儿童监护人了解到，大部分家长及监护人认为跟读书有关的事情都是学校、教师的责任，由于自身文化水平较低，平时忙于农活也没有阅读习惯和经验，没有能力指导孩子阅读，也无法在孩子阅读活动的过程中积极给予帮助。

（三）监护人缺乏良好的阅读习惯，示范作用不强

表6-4　监护人的阅读习惯

阅读习惯	频率	百分比（%）	有效百分比（%）	累计百分比（%）
每天阅读	1	1.1	1.1	1.1
经常阅读	6	6.6	6.6	7.7
偶尔阅读	14	15.4	15.4	23.1
从不阅读	70	76.9	76.9	100.0
合计	91	100.0	100.0	—

从表 6-4 监护人的阅读习惯的调查数据中了解到留守儿童监护人坚持“每天阅读”的为 1.1%，6.6%、15.4% 的监护人表示“经常阅读”“偶尔阅读”，而“从不阅读”的留守儿童监护人高达 76.9%。这个数据表明：农村的家庭阅读环境十分恶劣。家长是孩子的第一任老师，家庭又是儿童的第二所学校，家长的一言一行都深刻影响着孩子的成长，阅读习惯也一样，监护人的阅读习惯对留守儿童阅读习惯的养成具有示范作用。调查显示，43.3% 的监护人业余活动是“看电视”、31.7% 是“打牌”。留守儿童监护人自身不良的阅读习惯，以及业余爱好不利于家庭阅读环境的营造，也不利于儿童阅读习惯的培养。

（四）家庭提供的阅读条件不理想

阅读条件包括家庭为儿童进行阅读活动提供的书籍、书房、书架、桌椅和台灯等设施。充足的儿童读物，安静、整洁的阅读场所，齐全的设施都可以让留守儿童随时进行阅读活动，尽情畅游在知识的海洋里，体会阅读带来的愉悦感。首先，东山镇农村地区的留守儿童家庭阅读的物质环境不容乐观。如表 6-5 所示，79.4% 的留守儿童家里没有书房。在实地调研和访谈过程中发现，农村家庭不会特意为儿童准备书房或学习空间，房间摆设杂乱无章、照明状况不理想，并且用于写作业的桌椅也很少是适合孩子身高的桌椅，有的孩子甚至把椅子和小凳子当作书桌使用。基本没有光线照明良好的书房或夜晚使用的台灯等。

表6-5　留守儿童家庭书房配备情况

书房	频率	百分比（%）	有效百分比（%）	累计百分比（%）
有	40	20.6	20.6	20.6
没有	154	79.4	79.4	100.0
合计	194	100.0	100.0	

表6-6　留守儿童家庭藏书量情况

藏书量	频率	百分比（%）	有效百分比（%）	累计百分比（%）
1~10 本	82	42.3	42.3	42.3
11~20 本	53	27.3	27.3	69.6
21~30 本	30	15.5	15.5	85.1
31 本以上	29	14.9	14.9	100.0
合计	194	100.0	100.0	

其次，家庭藏书量少。表 6-6 是东山镇留守儿童家庭藏书量情况：42.3% 的留守儿童家庭藏书只有“1~10 本”，27.3% 的留守儿童家庭藏书量为“11~20 本”，15.5% 留守儿童家庭藏书量为“21~30 本”，而藏书在“31 本以上”的家庭仅占 14.9%。可以说明农村家庭藏书量普遍较少，留守儿童能在家获取的读物十分有限，图书种类也较单一。由于留守儿童的监护人的文化水平普遍较低，自身没有阅读的习惯，再加上农村地区也很少有图书馆、书店等场所，所以没有意识到为儿童购买书籍。外出务工的父母过年回家时给孩子买的大部分是衣服、食物，也有购买书籍的，但是购买的图书也大多不是孩子喜爱的。这就要求外出务工的父母应多与儿童联系沟通，不只是解决温饱问题，更应注重儿童精神方面的需求。

二、学校阅读环境有待优化

正处于受教育阶段的儿童首要任务是学习，学校是他们一天待的时间最长的地方，学校教育对儿童的身心发展具有重要的作用。对留守儿童来讲，学校阅读环境对他们的阅读能力培养尤为重要。本研究中留守儿童的学校阅读环境主要是指学校领导及教师的阅读观念，图书室的读物和设施，与阅读相关的推广活动，教师对儿童阅读的指导等。总体来看农村学校阅读环境欠佳。

（一）应试教育根深蒂固，阅读教育不受重视

据有关调查数据分析，全国中小学生阅读80%存在功利化倾向。无论是学校领导、教师、家长还是学生自身，都将阅读同考学就业挂钩。学校把学生的课堂教育永远排在首要位置，课本教材和教材辅导书是学生受教育的重中之重，学生不断地应对期中考、期末考，花大量的时间和精力集中在英语、数学和语文三科主要的课业学习上。课外作业霸占了学生的大部分闲暇时间，就连周末和节假日也在老师布置的大量的家庭作业中度过，学生根本没有多余的时间和精力去阅读其他书籍。加之留守儿童阅读资历尚浅即使是阅读书籍，对课外阅读图书的选择也是听从老师的推荐。教师以本为本、守本固本，推荐的书目也大多数跳不出应试模式的框架。例如，教辅资料类居多。这势必影响留守儿童的阅读激情，导致其知识面狭窄，眼界不开阔。其实，课外阅读是课本知识的有益补充与拓展，能提高老师教学效率，优化学生各课成绩。积极地引导学生阅读各种类型的图书，扩大阅读面，积累丰富的阅读经验，提升学生的语言文字理解能力，能为今后优化各科教学奠定坚实的基础。

（二）学校图书室建设投入不足，儿童读物极度匮乏

由于留守儿童的家庭经济条件不是很好，家长及长辈文化程度偏低，对儿童阅读培养的认知不够，儿童在家里获得的图书资源十分有限。而学校作为传授知识、技能，培养学生全面发展的地方，为留守儿童创设理想的阅读环境尤为重要，要想儿童顺利进行阅读活动，必须为其提供充足的书籍。资金短缺以及学校应试教育的理念，导致学校图书室硬件与软件配备均不理想，儿童读物极度匮乏。本研究调查的三所学校都设有图书室，但只有江州中学一所学校同时设有阅览室却也是由一间陈旧的储物室改造的，里面摆放着4排座椅，再无其他设备。通过实地观察、访谈得知，这三所学校图书室面积均不足50平方米、图书数量少、22大类比例严重不协调。虽然在书架上能看到图书22大类基本都有，比例最多的还是G类文化、科学、教育，也有名人自传和小说，这些都超出了儿童的知识水平和理解能力。据了解，

学校图书来源大多通过捐赠和文化共享为主，部分书籍内容陈旧，重复的图书过多，很多图书的封面或页面泛黄。迎合儿童年龄与兴趣爱好的读物少之又少。而这三所学校图书室中设施最好的也只是有几排书架和一台旧电脑，另外两学校就只有放置书籍的书架和一套供图书管理员工作的桌椅，阅读条件十分艰苦。从以上的调查数据分析可以看出农村地区学校的阅读环境对留守儿童阅读活动的支持极为有限。

（三）学校极少开展以阅读为主题的文化活动

学校丰富多彩的阅读文化活动，能激发学生的阅读兴趣与参与活动的积极性，促进学生德、智、体、美、劳全面发展，提升学生的阅读能力，保障他们身心健康成长，特别是父母常年在外，缺少亲情温暖的留守儿童。这里所讲的以阅读为主题的文化活动，如学校报刊栏的利用，讲故事大赛、手抄报比赛、辩论赛以及阅读征文等形式的活动。但是经实地调查和访谈了解到农村中小学校极少开展诸如此类的文化活动。学校领导和教师应每学期定时组织开展一系列与阅读相关的文娱活动，可以是校级比赛也可以是班级比赛。同时，邀请学生家长一同参与进来，这样不仅一方面可以让儿童在阅读活动和比赛中增强自信心，体验到比赛带来的成就感，还可以激发他们的阅读兴趣和情绪，从而有助于他们从小养成阅读的好习惯。另一方面也可以让学生家长亲身感受到儿童对阅读活动的热情，体会到阅读对儿童身心发展的重要性，引导和帮助家长投入支持孩子阅读的实际行动中来，弥补不理想的家庭阅读环境对孩子造成的不良影响。建立学校与家长之间的沟通平台，充分发挥教师与儿童、儿童与家长、家长与教师之间的阅读互动作用，共同营造温馨舒适的阅读环境。

（四）教师阅读素养有待提升

阅读，是每个教师专业素质成长必需的生命方式。严格地讲，教师必须有良好的阅读习惯和较高的阅读素养，这样才能承担起教书育人的重担。本研究根据接受调查的 46 名教师的问卷与访谈数据了解到，教师对学生的阅读指导存在严重不足，阅读素养亟待提高。在问卷调查中所问及关于教师的个人藏书中儿童读物所占比例，选择“比较少（10%~29%）”的占 45.7%，选择“非常少（10% 以下）”“没有”的为 21.7%、6.5%，而只有 19.6% 和 6.5% 的选择“比较多（30%~50%）”和“非常多（50%以上）”。在对学生进行阅读指导教学过程中也只有部分教师表示阅读过钱伯斯的《打造儿童阅读环境》、崔利斯《阅读手册》等指导书籍，大多数教师表示没有看过这类书籍。有的教师还表示平时除了授课、写教案，根本没有多余的时间和精力去阅读。在调查访谈中所有教师都认同阅读活动对学生的成长十分必要，认为学生的阅读能力与各科课业成绩有着必然的联系。学生的阅读能力越强、阅读积累越丰富，课业成绩就越好。而且孩子越小开始阅读越容易树立终身的阅读习惯。由于教师自身阅读素养不够，在实践教学中如何培养学生阅读兴趣及习惯、如何开展阅读活动等方面无从下手，对学生的阅读指导心有余而力不足。

三、社会阅读环境不佳

留守儿童社会阅读环境包括留守儿童身处的文化氛围，公共文化基础建设等。本研究通过实地考察与走访，了解到东山镇农村地区留守儿童的社会阅读环境不佳。

（一）农村文化氛围薄弱，缺少相关的文化活动

观念指导行为，农村地区缺乏一种文化氛围。在农村，不少家长认为送孩子读书是履行九年义务教育，课本即读本，把课本学好就行，认为没必要购买除课本以外的书籍，农民群众的阅读意识淡薄，不注重孩子阅读素质教育，是影响社会阅读环境的重要因素。

据调查，东山镇农村地区的公共文化基础设施极少。农村文化氛围薄弱，所以丰富农民文化娱乐的活动很为少见，以阅读为主题的相关文娱活动几乎没有。随着农村经济的逐渐好转，农民生活水平逐步提高，相应的社会公共文化资源与基础设施却十分匮乏。农民缺乏对精神文明的追求，农村社区几乎没有组织过文化交流活动，电视消遣与打牌成了许多农民闲暇之余的娱乐方式。不但不能给儿童树立正确的榜样，而且儿童在这种消极的环境下，从小耳濡目染对棋牌产生浓厚的兴趣，培养阅读习惯更是难上加难。

（二）东山镇农村地区几乎没有书店

接受调查的194名留守儿童表示，在他们学校和家附近“没有”书店的比例高达92.3%，选择“有”书店的占7.7%。具体如表6-7所示。

表6-7 东山镇农村地区书店分布情况

书店	频率	百分比（%）	有效百分比（%）	累计百分比（%）
有	15	7.7	7.7	7.7
没有	179	92.3	92.3	100.0
合计	194	100.0	100.0	

在东山镇的农村地区几乎找不到书店，留守儿童社会阅读物理环境令人担忧。通过实地调查和访谈了解到，留守儿童所指的书店位于塔市驿最热闹的农贸集市里面，书店经营的商品种类很多，一边购物架摆放的是铅笔、水性笔、作业本等学习所需的文具用品，另一边书架上的书籍大部分是作文辅导类、考试真题类，至于真正意义上的阅读书籍则是寥寥无几。严格意义上来说是文具用品店，谈不上为专营书店。

（三）农家书屋工作运转不正常，阅读推广不力

农家书屋作为一项惠民工程，把精神食粮送到了农民家门口，缓解了广大农村地区“买书难、借书难、看书难”的“三难”问题。但也有一些乡镇农家书屋的推广不力、利用率不高、借阅率普遍偏低，农家书屋的实际价值无法体现。

首先，东山镇农家书屋的宣传推广工作不容乐观。如表 6-8 所示，91.2% 的留守儿童不知道自己所在的村委会设有农家书屋，知道的只有 8.8% 的留守儿童。

表6-8 农家书屋熟知度情况

农家书屋	频率	百分比（%）	有效百分比（%）	累计百分比（%）
知道	17	8.8	8.8	8.8
不知道	177	91.2	91.2	100.0
合计	194	100.0	100.0	

其次，农家书屋图书利用率低。在农村，农家书屋工作处于欠发展状态，农家书屋图书的利用程度与留守儿童的阅读需求大相径庭，甚至很多留守儿童根本不知道“农家书屋”的存在。如表 6-9 所示，东山镇留守儿童利用农家书屋图书的具体情况：选择“没借过”图书的占 91.2%，选择“借过”

图书的只有 8.8%。据本研究实地调研，各个乡村的农家书屋都设置在村委会办公室，书籍内容陈旧单调，农业科技图书较多，适合儿童看的书籍则少之又少。农家书屋的管理方式落后，日常管理都由村“两委”干部负责，导致书屋不能定期开放。由于宣传力度不够，农家书屋从未举办过阅读推广活动，不少儿童及村民甚至没听说过农家书屋，不知道农家书屋在哪里。

表6-9　农家书屋图书利用情况

农家书屋	频率	百分比（%）	有效百分比（%）	累计百分比（%）
借过	17	8.8	8.8	8.8
没借过	177	91.2	91.2	100.0
合计	194	100.0	100.0	

第三节　留守儿童阅读推广的经典案例及启示

近年来，各地为解决留守儿童问题做出了一系列努力，各级图书馆作为国家公共文化事业的重要组成部分，积极参与其中，通过开展阅读推广活动，改善留守儿童的精神文化生活，为构建留守儿童阅读推广体系做出了有益探索。综观目前国内针对留守儿童开展的各项阅读推广活动，大多以单一机构开展针对性阅读推广活动为主，基本没有形成完整的留守儿童阅读推广体系。为了更好地构建留守儿童阅读推广体系，本研究选取国内目前开展留守儿童阅读推广服务成效显著的两个项目：重庆图书馆联合社会力量建立的面向本市留守儿童的集中化服务平台——“蒲公英梦想书屋”项目与贵州省图书馆主办的“新布客书屋”儿童阅读推广服务项目作为案例，虽然两个项目均未明确提出针对留守儿童的阅读推广体系，但是项目的实际实施对构建留守儿童阅读推广体系做出了有益探索，本研究分析其现状与成功经验，以期为后期留守儿童阅读推广体系构建提供实践方面的借鉴。

一、留守儿童阅读推广典型案例

（一）留守儿童的集中化服务平台——“蒲公英梦想书屋”项目

为了切实解决留守儿童面临的安全、健康、教育、心理等方面的问题，重庆市开展了留守儿童“合力监护、相伴成长”专项行动。早在此专项行动之前，重庆图书馆即充分发挥自身公共文化服务机构的职能，为该市留守儿童提供阅读服务。

1.“蒲公英梦想书屋”项目的基本情况

重庆市各级图书馆一直比较关注留守儿童，并为他们提供了一系列的专题服务活动，然而由于缺乏统一规划，各地关爱服务活动内容同质化较严重，且服务形式较为单一。为了解决这一困境，2013 年 6 月，重庆图书馆启动了“蒲公英梦想书屋”项目。该项目重点解决当地留守儿童面临的纸质读本与电子图书匮乏的困境，计划每年在全市范围内发展 10 所左右的留守儿童学校加入项目之中，将“蒲公英梦想书屋”打造成针对重庆市留守儿童的阅读服务品牌，并以此作为重庆市文化共享工程乡村留守儿童关爱行动的服务平台，帮助留守儿童共圆文化梦。

重庆图书馆秉承着“关爱留守儿童，共建美好未来”的理念，“蒲公英梦想书屋”项目以现场阅读活动的形式为超过 8000 余人次的留守儿童提供阅读服务，落成书屋受益留守儿童超过 5 万名。经过数年的发展，“蒲公英梦想书屋”项目已经成为集书屋搭建、资源赠送、梦想领取、主题活动以及心理成长培训于一体的为留守儿童提供公共文化服务的基层阅读推广项目。

2.“蒲公英梦想书屋”的实践探索

“蒲公英梦想书屋”项目自 2013 年 6 月正式启动以来，经过几年的发展，已经形成了其独有的四方联动项目推进模式与“1+4+X”的活动框架。

四方联动项目推进模式是指项目实施过程中，重庆图书馆、各区县图书馆、社会机构及媒介机构四方共同参与，作为项目推进的主体。为了充分发挥四方力量，项目发起单位重庆图书馆对所有参与方的工作职责进行了明确分工，其中重庆图书馆负责编制项目年度计划、组织资源配送、联络各方及总体协调等统筹规划工作；各区县图书馆负责计划的具体实施，包括书屋建设之前的实地调研、书屋实际建设、书屋后续资源的更新与维护等；社会机构作为志愿者，主要参与书屋组织的各类阅读活动的前期筹备与现场组织；媒介机构负责深入宣传相关活动，实现项目知名度与社会影响力的最大化。四方联动的项目推进模式充分彰显了多元主体在留守儿童服务中的优势，多元力量的积极参与可以为项目的实施提供坚实的保障。

“1+4+X”活动框架则是该项目的具体实施内容。“1+4+X”是指“1个蒲公英梦想书屋+4个主题活动+X个当地特色活动”，其中主项目是建设“蒲公英梦想书屋”，书屋实际建设过程中，将目光重点放在重庆市偏远乡村的留守儿童学校，同时也会选取部分已有的留守儿童服务阵地，如留守儿童之家、村级青少年活动中心等。书屋的图书资源则由承办区县图书馆根据各方募集而来的图书资源整合后，按照每个书屋1000册图书的标准进行配备。在配备纸质图书的同时，为了满足留守儿童对电子图书的需求，还为每间书屋配备两台电脑，并为当地留守儿童提供重庆数字图书馆数字阅读资源的免费使用权。4个主题活动包括缓解纸质图书匮乏的“线上线下领取梦想公益活动”、关爱留守儿童心理健康的“流动亲情聊天室活动”、开展数字阅读推广的“E路共享数字阅读平台”和“相伴成长巡回讲堂”活动。特色活动则由各区县图书馆结合当地实际情况，开展各类特色阅读推广活动，如快乐暑假，“阅”活梦想主题读书征文活动等。通过书屋的建设以及对书屋阅读资源的统一管理，极大地保障了留守儿童的阅读环境与阅读资源获取途径；电子图书的供应更是进一步拓展了留守儿童的阅读视野；而以书屋为阵地开展的各类阅读活动则可以在一定程度上激发留守儿童的阅读兴趣。

（二）“新布客书屋”儿童阅读推广服务项目

如何为数量众多的留守儿童提供阅读服务，从小培养他们良好的阅读习惯一直是贵州省各级图书馆面临的挑战。早在2010年，贵州省图书馆就在留守儿童阅读推广方面做出了有益的尝试。

1.“新布客书屋”项目的基本情况

为了解决贫困地区小学图书室图书数量少、资源陈旧等问题，贵州省图书馆充分发挥自身公共文化服务职能，整合社会资源，于2010年开始在全省开展“布客书屋”儿童阅读推广活动项目。项目创办之初，就将服务对象精准定位为贫困地区留守儿童群体，明确“布客书屋”的性质为少年儿童公益图书室，其目的是改善留守儿童阅读现状。2015年，书屋建设引入连锁概念规范，更名为“新布客书屋”，其中“新布客”的“新”代表贵州省图书馆推广的儿童阅读新理念——“至乐读书·共享阅读”，“布客”则取自英文“book”的音译。

随着国家精准扶贫工作的深入推进，“新布客书屋”儿童阅读推广服务项目在实施过程中开始紧密与文化扶贫工作相结合，逐渐形成了以“儿童阅读推广”“特色文化志愿服务”“文化精准扶贫”为内涵的图书馆服务品牌。以该项目为服务平台，贵州省图书馆已经建设了一支完善的文化志愿者服务团队和一个超过 30 家社会组织的合作体系，共同致力于文化志愿服务。2016 年，该项目在出版界、图书馆界组织的全民阅读年会优秀阅读案例征集中脱颖而出，荣获当年全民阅读案例一等奖。2018 年 3 月，贵州省第 31 个“新布客书屋”在威宁自治县石门乡建成并开放，至此，该项目的直接受益人群已超过 1 万名乡村地区的少年儿童。

2.“新布客书屋”项目的实践探索

2010 年 12 月，第一批“布客书屋”爱心图书室在贵阳市两所进城务工人员小学正式建成并投入使用。多年来，贵州省图书馆一直坚持通过整合馆藏资源和社会公益性捐赠的图书资源，解决留守儿童看书难的问题，并试图通过该项目推动图书馆资源均衡利用，促进留守儿童阅读。目前，该项目已经形成了一套完成的建设体系与管理体系。

“新布客书屋”儿童阅读推广服务项目在建设过程中，采用援建的形式，目前包括贵州省图书馆援建、社会援建以及合作援建等形式，具体援建形式由贵州省图书馆根据当地各乡村学校的申请，实地审核后确定。为了更好地规范书屋援建活动，2015 年，贵州省图书馆在“新布客书屋”援建活动中引入了连锁书屋的概念，制定了贵州省“布客书屋建设流程”，由此实现了“新布客书屋”全省统一管理，即统一配置图书，统一培训书屋的管理人员的项目建设模式。为了增加书屋的辨识度，贵州省图书馆还于 2009 年设计了“布客书屋”专属 LOGO，全省书屋建设过程中使用统一的形象识别标志。

为了更好地实现书屋规范化管理，贵州省图书馆还制定了“布客书屋”资源配置原则、申请流程、合作协议等一系列标准。目前，“布客书屋”的儿童阅读书籍重点根据《中国儿童分级阅读推荐书目》和国家图书馆《全国少儿图书馆馆藏基本目录》来挑选。书屋建成使用后，除了保障当地留守儿童的基本阅读需求外，贵州省图书馆还以此为基地，开展一系列阅读推广活动，并对各地组织的相关活动给予专业指导。

为了解决贫困地区书屋管理人员紧缺的问题，贵州省图书馆在培训学校图书管理员的同时，还吸纳了部分学生义务馆员，实现了书屋的持续有效管理。例如，在贵州省图书馆援建第25个“新布客书屋”时，为该校培训了专门的图书室管理人员，同时，贵州省图书馆少儿部还在该校挑选了部分学生，为他们提供图书管理员的基础培训，希望他们能通过“新布客书屋”的管理，从小培养服务他人的意识。此外，贵州省图书馆会定期在“新布客书屋”所在地开展图书馆儿童阅读推广文化志愿服务培训班，发展留守儿童阅读推广文化志愿者队伍。例如，2016年5月，贵州省图书馆联合六盘水市图书馆，对新布客儿童阅读推广志愿者团队开展了有针对性的阅读推广业务培训活动，实现了有效整合社会资源推动留守儿童阅读服务。

二、留守儿童阅读推广典型案例的启示

（一）统筹规划，助力阅读推广活动有效实施

在国家大力推进农村公共文化服务建设进程中，各级图书馆发挥着至关重要的作用。省级图书馆作为各级基层图书馆的业务指导机构，应该积极指导农村公共文化服务建设。面对农村地区留守儿童阅读资源匮乏、阅读推广活动严重同质化等问题，重庆图书馆和贵州省图书馆充分发挥其业务指导职能，对当地留守儿童推广活动实行统筹规划，打造具有地域特色的留守儿童阅读推广品牌，并形成了一套完善的项目推进流程，极大地保障了留守儿童的基本文化需求。因此，省图书馆、省少儿图书馆作为省级图书馆，应该将开展留守儿童阅读推广活动纳入其发展规划之中，充分发挥省级图书馆统筹规划的职能，制定完善的留守儿童阅读推广活动机制，助力基层图书馆阅读推广活动的有效实施。

（二）多元合作，构建阅读推广活动合作体系

多元合作，是“蒲公英梦想书屋”项目与“新布客书屋”项目的一大亮点。两家省级图书馆均邀请共青团、妇联、非政府组织等机构为项目提供人力与资金方面的支持，构建了广泛而有效的合作体系，极大地推动了当地的留守儿童阅读推广服务。为留守儿童提供阅读服务，需要各级图书馆的共同努力，却也不能仅仅是依靠它们。各级图书馆应该充分发挥其在留守儿童阅读服务中的纽带作用，吸纳社会各界力量共同参与其中。各地在开展留守儿

童阅读推广工作时，可主动与妇联、教育等机构，民间图书馆、基金会等社会组织积极合作，共同为留守儿童提供阅读服务。

（三）资源整合，满足留守儿童基本阅读需求

图书资源匮乏、种类单一是留守儿童面临的阅读困境之一。“蒲公英梦想书屋”与“新布克书屋”通过统一配置图书资源、定期更新等举措实现全省图书资源整合，极大地保障了留守儿童的阅读需求。重庆图书馆在提供纸质阅读资源的同时，还建立了数字阅读平台，通过网络平台为留守儿童提供更为丰富的阅读服务。有效整合阅读资源，可以实现有限阅读资源的利用最大化，图书馆为留守儿童阅读服务也需通过整合各类阅读资源，形成其独有的阅读资源供应体系，保障农村地区阅读资源的多样化，满足留守儿童的基本阅读需求。

（四）扩大宣传，实现活动品牌效应最大化

重视活动宣传是“蒲公英梦想书屋”与“新布客书屋”的另一大亮点。项目实施以来，均通过电视、报纸、网络等主流媒体进行广泛的宣传，项目先后多次被人民网、央视网等重要媒体以及当地主流媒体报道，引起广泛关注。经过多年的发展，两个项目均已成为当地阅读推广品牌项目。由此可见，积极通过各类媒介扩大宣传，可以实现品牌效应最大化。借鉴两个项目成功的宣传经验，各省图书馆开展留守儿童阅读推广活动时，可以邀请各类媒介参与其中，还可以充分发挥电视媒体的作用，以纪录片的形式跟踪报道相关阅读推广活动。通过媒介的宣传，进一步扩大活动影响力，从而实现活动品牌构建与效应最大化。

（五）组建志愿者团队，保障活动持续性

完善的志愿者团队为留守儿童阅读推广活动的持续性提供了有力的保障。重庆图书馆拥有一支年均志愿服务 2000 余人次的志愿者团队，该团队累计提供志愿服务时长已超过 7 万小时，该志愿者团队是“蒲公英梦想书屋”项目持续开展的有力支撑。贵州省图书馆除了固定的志愿者团队外，还会定期开展儿童阅读推广文化志愿者服务培训，更好地为留守儿童服务，以此巩固与扩大自身志愿者团队。因此，各地图书馆开展留守儿童阅读推广服务

时，需注重志愿者团队的建设，吸纳更多的群体关注留守儿童的文化需求并为他们提供帮助。组建稳固的志愿者团队可以通过与高校、政府机构、企事业单位的合作，联合一切社会力量来完成。

第四节　图书馆做好留守儿童阅读实践路径

留守儿童是特殊群体，其阅读状况和阅读权利不容忽视。加强图书馆对留守儿童阅读指导刻不容缓。阅读指导是图书馆社会教育职能的体现，是实现和保障弱势群体阅读权利的有效方式。图书馆要做好留守儿童的阅读指导就必须加强自身建设，努力改善他们的阅读环境，了解和满足他们的阅读需求。通过组织开展阅读推广活动和科学有效的引导，激发留守儿童的阅读兴趣，培养他们良好的阅读习惯，提高他们的阅读能力，引导他们健康阅读，使他们享受到阅读的乐趣。

一、加强图书馆建设，努力改善留守儿童的阅读环境

（一）良好的阅读环境是留守儿童进行阅读的前提

阅读观念和阅读意识是创设阅读环境的重要因素，尤其是农村中小学校教师和留守儿童的监护人对阅读的认识和态度，对留守儿童阅读动机的形成、阅读兴趣的发展有着直接的影响。因此，图书馆应通过广播电台、报纸、电视等新闻媒体宣传图书馆，宣传阅读的重要价值，唤醒农村中小学教师、留守儿童及其监护人的阅读意识，引导他们树立正确的阅读理念。图书馆要加强自身建设，提高图书馆馆员的综合素质和业务水平，改善馆舍条件，增加馆内设施，主动开辟图书流动站，方便留守儿童借阅书刊。例如，辽宁省铁岭市图书馆联合市妇联等单位，在铁岭县留守儿童相对集中的地方建立起 7 个留守儿童图书室和流动儿童图书室，并建立了“图书接力阅读箱”，供留守儿童和流动儿童用于接力、交换阅读，让好书传阅下去。另外，图书馆要大力宣传改善留守儿童阅读环境的重要性，依靠地方政府及相关部门，联合社会各方力量，大力整治农村中小学周围的环境，依法取缔“黑网吧”，营造一个有利于留守儿童健康向上的阅读环境和成长环境。

（二）丰富的文献资源是留守儿童阅读的有力保障

农村图书馆要加快馆藏资源建设，大幅度地增加少儿读物的种类和数量，最大限度地满足不同年龄、不同阅读层次的留守儿童的阅读需求。图书馆要加大宣传力度，动员和引导社会力量援助农村图书馆建设，开展“送书下乡”和“爱心捐书”活动；可以在馆内或馆外设立图书受捐点，让留守儿童体验社会的关心和温暖。例如，广东省江门市五邑图书馆等单位到鹤山市共和镇来苏村开展“关爱留守儿童送书下乡活动”，赠送图书近1000册，通过关爱行动为留守儿童创造良好的阅读条件。图书馆要加强数字资源建设，为留守儿童提供优秀的数字资源，如重庆市少年儿童图书馆建设的“留守儿童信息资源数据库”就是专门为留守儿童提供课外阅读服务的数据库，扩大了留守儿童的阅读面。

二、设立阅读信息卡，了解留守儿童阅读习惯与需求

图书馆要做好留守儿童阅读指导，首先要对留守儿童的阅读需求有充分的了解。阅读记录是人们阅读习惯的最直观的体现。因此，本研究建议农村图书馆设立留守儿童阅读信息卡，通过对他们平时看什么书、喜欢看什么书、最感兴趣的图书有哪些、花多少时间去阅读、在哪里看书等状况在阅读信息卡上一一做记录，有助于图书馆对他们的阅读习惯进行动态研究和分析，了解他们的阅读兴趣和阅读需求的变化，培养他们主动阅读的意识。图书馆只有充分了解留守儿童的阅读习惯和阅读需求，才有可能使其阅读指导更具有针对性、目的性和有效性。

三、开设阅读指导课，提高留守儿童的阅读能力

（一）图书馆利用的指导

图书馆应该把“如何利用图书馆”作为阅读指导课的入门课，让留守儿童拥有开启图书馆的“钥匙”，主要是帮助留守儿童了解图书馆的性质、服务项目、书刊借阅规则和图书馆的开放时间，认识图书分类、排架的特点，学会使用图书馆目录。图书馆可以通过组织留守儿童到图书馆参观，加深他们对图书馆的了解和认识，从而吸引他们自觉地利用图书馆进行阅读。

（二）阅读内容的指导

图书的好坏直接影响留守儿童课外阅读的效果。因此，图书馆应帮助留守儿童正确理解、评价和鉴别图书的内容，指导他们既选择有科学性、知识性的书刊，又要根据自身的兴趣爱好选择适合自己阅读的有意义的书刊。

（三）阅读方法的指导

好的阅读方法是提高阅读质量和阅读效率的重要一环。图书馆要引导留守儿童正确处理课内阅读与课外阅读的关系，教会他们如何运用精读、略读、速读、泛读等常用的阅读方法；指导他们读写结合，边读边做读书笔记、摘抄名言佳句，撰写读后感、编写内容提要等；指导留守儿童使用工具书；指导他们掌握快速获取馆藏文献的方法与途径。

（四）网络阅读的指导

随着信息技术的发展，数字化阅读将成为人们的主要阅读方式，这就要求图书馆要为留守儿童提供多元化的阅读平台。例如，辽宁省抚顺市图书馆少儿电子阅览室在充分利用全国文化信息资源共享工程服务平台的基础上，针对不同年龄层次的留守儿童，安装了“佳佳儿童乐园”“10万册文学名著”英语阅读及科普知识的数字资源，搭建了一个新的绿色阅读平台，开阔了留守儿童的视野。图书馆要整合网络资源，为留守儿童推荐健康的网站；加强网络阅读内容的指导，引导和规范留守儿童的网上阅读行为；在图书馆网站的主页上设立网络导航栏目、发布推荐书目；指导他们掌握查找各种信息的途径、快速准确获得信息的方法；指导他们如何科学、合理地安排好上网时间。

四、开展形式多样的阅读活动，激发留守儿童阅读兴趣

开展形式多样的阅读活动，是推进社会阅读可持续发展的重要途径。图书馆应从留守儿童的阅读需求和阅读兴趣出发，根据他们的生理、心理特点，采取不同的形式组织开展丰富多彩、寓教于乐的阅读活动，激发他们的阅读兴趣，引导他们认真读书，勤于思考。

（一）开展亲子阅读活动及相关阅读指导，营造家庭阅读氛围

“亲子阅读”是一种强调亲子间互动的阅读方式，就是以图书为媒介，以阅读为纽带，让孩子和家长一起阅读，一起分享，一起成长的过程。亲子阅读是早期阅读的组成部分，是促使学龄前儿童智力发展最有效的方式。学龄前留守儿童正处在身体和心智快速发展的关键期，最需要亲情关爱，而亲子阅读活动是连接孩子与家长之间的纽带，是一种爱的传递活动。图书馆可以通过采取诗歌朗诵、故事会等多种形式开展亲子阅读活动，锻炼和提高孩子的语言表达能力，增进留守儿童与父母之间的感情。例如，辽宁省抚顺市某图书馆在父亲节为留守儿童开展了以“我爱爸爸”为主题的绘本阅读活动，孩子们通过图文并茂的绘本喜欢上阅读，加强了孩子与父母之间的亲密关系，并在活动中品味了阅读的快乐。图书馆可以组织留守儿童开展书信写作活动，促使孩子与在远方打工的父母进行交流与对话，为留守儿童架起一座心灵的桥梁，激发他们关爱、体谅、理解父母的情感；图书馆要教会留守儿童用书信与人交流沟通的基本技能，对书信格式、内容表达加以指导，引导他们养成规范书信写作的良好习惯，提高他们的写作兴趣。同时，图书馆应该把家庭教育与图书馆阅读活动有机结合起来，采取馆家共建的措施，定期开展对家长（监护人）的培训，引导留守儿童的家长多陪伴孩子读书，传授亲子阅读的方法，提供亲子阅读、祖孙阅读等形式的阅读指导，让家长明确了解亲子阅读活动的意义、目标，还可采取召开家长座谈会、家访指导、跟踪服务等方式促进亲子阅读活动的实施，帮助留守儿童的家庭养成良好的阅读习惯，营造良好的家庭阅读氛围。

（二）开展阅读成果展示与评选活动，提高留守儿童阅读的积极性

奖励对于提高处在学习阶段的留守儿童阅读的积极性而言是最快速、有效的方式。图书馆可以根据留守儿童借阅书刊的数量和阅读情况以及做读书笔记的质量，开展评选最佳读书笔记、最佳小读者的活动，在图书馆、学校班级展示他们的阅读成果（如读书笔记、读后感、剪报、手抄报等），并给予他们一定的奖励（如赠送笔记本），通过展示和分享他们的阅读成果，促进留守儿童之间的相互交流与学习；通过评选与奖励让留守儿童体验成功的喜悦，使之转化为激励和推动他们去进一步阅读的动力，激发他们阅读的热

情，形成良好的阅读习惯，营造一个人人以爱读书、会读书、读好书为荣的学习氛围。

（三）举办心理健康知识讲座，开展“阅读疗法”服务

在应试教育的影响下，留守儿童课业负担繁重，心理压力大，学校又片面地强调分数，忽视心理健康教育，对留守儿童的心理健康问题缺少正确疏导和指引。又由于留守儿童长期处在亲情缺失，监护缺位，缺乏完整的家庭教育的环境下，导致他们产生心理障碍，心理扭曲，性格异常，严重影响了留守儿童的心理健康和健全人格的形成。因此，心理健康教育已成为留守儿童教育的首要问题。图书馆是社会文化教育机构，为留守儿童心理健康教育导航责无旁贷。美国精神病学专家高尔特指出：“图书馆是一座心智的药房，存储着为各类情绪失常病人治疗的‘药物’。”图书馆应充分发挥自身的优势，通过举办心理健康知识讲座，指导留守儿童如何克服自卑、战胜焦虑、与人相处，提高他们的心理承受能力和心理健康水平。图书馆可以开展“阅读疗法”服务，对留守儿童进行心理干预和疏导，为他们送去文化关怀和精神关怀，如泰山某图书馆把阅读疗法服务于泰安市某社区留守儿童，推荐相关图书，通过阅读来缓解疏导他们因缺少父母的关爱而产生的心理压力，使他们从心理阴霾中解脱出来，积极、勇敢地面对各种挑战，让留守儿童在阅读的快乐中健康成长。

“书籍是人类进步的阶梯。”阅读是人类获取知识的基本手段和重要途径。儿童是祖国的未来，而阅读则关乎儿童的未来。留守儿童规模庞大，是一个不可忽视的特殊群体，他们需要全社会给予更多的关注和关爱，他们的阅读权利更需要得到尊重和保护。为留守儿童营造良好的阅读环境，正确引导和满足他们的阅读需求，培养他们良好的阅读习惯，让他们享受阅读的乐趣，实现和保障留守儿童的阅读权利是作为社会文化教育机构的图书馆义不容辞的责任。留守儿童阅读是全民阅读的重要组成部分，图书馆是推动全民阅读的主要阵地，是社会阅读活动的主要倡导者和服务者，应积极搭建留守儿童阅读推广服务平台，与学校、家长（监护人）和留守儿童乃至社会一起努力，共同打造一个让留守儿童健康快乐成长的精神乐园，让他们自觉地将阅读变成一种生活的需要。

第七章　孵化乡村文化的暖巢项目——架起农民创业“金桥”

第一节　农民创业概念及其特点的分析

一、农民创业概念

（一）创业理论

1775 年，法国的经济学家理查德·坎蒂隆（Richard Cantil1on）提出的“创业者”（Entrepreneurship）一词，首次将创业者和经济中承担的风险联系在一起，被创业理论研究者认为是创业理论的起源。经过两个多世纪的研究，尤其 20 世纪经济快速发展的推动作用，对创业现象的研究呈现出越来越热烈的局面。创业过程中涉及的内容较多，包括企业主、产品、服务、技术融资、产业发展和企业管理等，使得经济学、管理学、社会学、心理学等很多学科都对其进行了研究。国内很多学者在对创业理论研究中，也对创业进行了解释。郁义鸿认为，“创业是一个发现和捕捉机会并由此创造出新颖的产品或服务和实现其潜在价值的过程”。陈震红等人认为，“创业是个体在动态的时间与环境中通过一定的组织形式，发掘并利用潜在机会来创造价值的过程”。虽然不同的学者分别从不同的角度对创业进行了解释，对创业也没有一个统一的概念界定，但是在创业研究中，对创业所具有的一些共同要素在认识上基本上是一致的，归纳起来，主要是以下几个方面。

第一，创业主体。创业者需具备一定的素质和能力，包括文化素质、心理素质、创造性思维能力等。创业行为是一种综合素质的表现，大多数素质需要后天不断地学习和实践来培养产生。

第二，创新性。创业是实际创新的过程，而创新是创业的本质和手段。创新主要表现为两种形式：一种是实质上的改变，这种创新具有突破性，如技术上的革新；另一种是事物外在形式的转换，这种创新形式比较常见。主要表现为对原有事业的突破，实现资源组合的创新、服务创新、组织形式创新等。

第三，创业是一个价值创造的过程。创业活动需要一定的资金投入来开展组织活动，目的是创造更多价值，实现资本的增殖。如果没有资金投入，创业只能算作一个构想。

第四，创业是一项高风险的活动。创业风险主要来自外部环境的不确定性，这种不确定性使得创业者在面对市场时，要及时了解市场环境的变化，获取各种相关信息。计算机通信技术特别是互联网技术的广泛应用，使得创业者获得信息更为方便和迅速，信息的丰富会降低创业的风险。

（二）农民创业

要对农民创业进行界定，我们还必须进一步分析什么是农民，我国农民具有什么样的特征。农民创业不仅仅是在创业前面增加了一个限制性的定语“农民”，它还有自己的特点。

首先，结合我国目前的情况，农民创业中的农民是指按照我国现有的农村土地承包政策，拥有农村耕地使用权并从事农业生产的那部分人，也就是说，这里所分析的农民并不一定居住在农村，同时，居住在农村的人并不一定是农民。

其次，对农民创业的理解我们不能简单在创业前面增加一个限定性的词语“农民”。农民在创业过程中有其自身的特点，这些特点的存在使得农民创业有别于一般的创业活动。由于创业主体的差异，创业可以分为失业者创业、退休者创业、残疾人创业、大学生创业、辞职者创业、兼职者创业、农民创业等。

二、农民创业类型

（一）资源开发型

农民在创业过程中，立足本地农业资源，围绕农村产业结构调整，积极引进、应用先进的生产技术，以优质、高产、高效的现代农业为创业的前提和目标，以名、特、优、新产品开发为主线，大力发展特色农业、精致农业，进行产业化经营，并以丰富的农业资源为依托，通过深度加工延长农业产业链，提高农产品的附加值。从农民创业的情况看，主要有以下几种形式：第一，积极引进、应用先进的生产技术，提高产量、优化品质；第二，农民通过土地转包、转让、租赁等多种形式加快流转土地，改变原来散户小规模经营无法形成规模效应的弊端，逐步扩大土地经营规模，使土地大量向种植大户集中，进行传统农业的集约化经营；第三，积极调整农业结构，大力发展养殖业和经济林果尤其是特种种植（养殖）；第四，把握市场动向，积极开拓新的市场。

资源开发型的农民创业属于一种安定型创业，对于创业农民来说，本身并没有太大的改变，做的也都是比较熟悉的工作。这种创业类型强调的是创业精神的实现，也就是创新的活动，而不是新组织的创造。

（二）自我创业型

农民在创业中，通过资本投入，因地制宜发挥本地非农业资源优势，因人制宜发挥个人技术、资金和经营特长，进行非农产业开发和市场经营，或者利用个人经营能力和自身资金积累能力的优势，发展个体、私人企业。既有利用自身的技术和资金优势在本地发展的，也有以自身的技术和资金作为投资在外地进行发展的，或者利用个人的市场开拓能力、信息沟通能力和资金优势，从事市场中介和经纪服务。随着市场的开放、市场体制的逐步完善以及农民参与市场意识的增强，从 20 世纪 90 年代开始，农民经济人开始活跃在广大的农村，同时一些专业化的农村中介组织也开始建立。这些中介组织的建立，不仅使农民在闯市场过程中直接致富，同时，内部也形成了适当的分工：有专门研究市场行情的、有专门组织货源的、有专门负责运输的。其市场参与范围已从最初的周边县、市、省，逐步扩大到全国乃至国际市场。

（三）集体创业型

在改革开放初期，农民创业主要是采取集体创业中的举办乡镇企业形式来进行的，但是，随着改革的深入，对所有制形式认识的逐步深入，对乡镇企业已经赋予了新的含义：乡镇企业不再单纯是由社（乡）队（村）等办的企业，它涵盖了农民以联营形式创办的合作企业、其他形式的合作企业和个体企业，事实上对于乡镇企业的统计范围，也是按照这个思路来进行的，从注册类型上看，目前的乡镇企业统计包括集体企业、股份合作企业、联营企业、有限责任公司、股份有限公司、私营企业、个体独资企业、其他企业以及港澳台商投资企业、外商投资企业。

自我创业型和集体创业型两种形式的创业属于冒险型创业过程，一方面创业者角色转变大，不确定性高；另一方面，对新事业而言，也面临很高的市场不确定性。

（四）打工—创业型

由于个人能力、技术、观念、收集信息范围和资金规模的限制，对于大多数农民来说，在创业的初期都是以劳务输出的形式进行最原始的资金、技术、信息积累。通过对外的劳务输出，一方面，增加其工资收入；另一方面，增加对外界环境的认识，了解市场。通过打工积累资本、学习技术、更新观念、收集信息，在适当的时候部分人再回乡利用当地市场的空白点进行创业，或者就在外面经商创业，即回乡创业和异地创业。事实上，对这种类型的农民创业的划分，主要是从农民创业过程中的机会来源来考虑的。也就是说，正是农民外出打工对外部环境认识的积累，使得他们可以发现和识别有别于异地的创业机会。

打工—创业型可以进一步分为复制型创业和模仿型创业。前者是农民打工者复制其原来打工单位的经营模式，创新的成分很低，缺乏创业精神；而后者是通过模仿别人，开创一个新的事业，虽然创新的成分也很低，但创业过程中创业者要冒很大的风险，具有一定的创业精神。也就是说对于打工—创业型的农民创业来说，虽然按照创业理论的研究，其创新性较低，但是相对于农民所处的特殊环境而言，突破其原有的经济活动领域，本身就是一个创新的过程。

三、农民创业特点

农民在创业中具有以下不同于其他创业者的一些重要特点。

一是农民拥有土地使用权，即在一定程度上农民拥有土地，这是农民在创业中区别于其他主体的显著特征。对土地经营权的拥有使得农民创业区别于一般的创业，这个特点使得农民创业更多地和土地经营联系在一起，在一定程度上影响了农民创业的领域。

二是农民创业和一般创业不仅仅是创业主体的差别，我国城乡“二元”结构的制约，使得农民创业者和其他的创业者在身份上存在很大的差异。由这种身份制约所形成的农民创业活动必然依赖于农村，一方面，从创业领域上看，农民创业活动与农业生产和农村经济活动有很密切的联系；另一方面，从创业资源上看，农民创业过程中的资源主要来源于农村，尤其是土地资源。

三是农民经历单一、农村市场发育滞后、信息闭塞、农民市场观念薄弱，其经济活动主要与农村、农业联系在一起，这也在一定程度上决定了农民在创业初期不可能进入一些新的行业领域，只能是一些与农业生产和农村经济活动密切相关的行业领域。

第二节　图书馆服务进城务工人员创业的主要内容

一、服务进城务工人员的图书馆类型

为进城务工人员等群体提供服务是图书馆应尽的社会职责，目前，我国图书馆、社区图书馆、高等院校图书馆、企业图书室等文献资源服务机构都向进城务工人员推出了针对性的服务。

例如，首都图书馆于 2005 年 1 月开设了北京建工集团分馆，成为中国第一个专门为进城务工人员开设的图书馆。随着图书馆界服务进城务工人员意识的增强，各地图书馆也为服务进城务工人员做出了不懈努力，如深圳市图书馆为深圳进城务工人员建设者提供的新书展览、读书沙龙等服务。图书馆服务进城务工人员是图书馆应尽的社会职责，是服务进城务工人员的主要力量。

社区街道图书馆作为进城务工人员最容易接触到的文献资源服务机构，推出的服务更容易被进城务工人员接受和使用，因此，社区图书馆在服务进城务工人员方面有着极大的优势。创建于2000年的广东深圳龙城街道五联社区图书馆服务的主要目标是外来进城务工人员群体及其子女，图书馆通过大胆尝试和探索为外来进城务工人员及其子女实施知识援助。甘肃兰州市在城关区、七里河区、西固区、安宁区的4个社区设立甘肃省进城务工人员流动图书馆，每个点投放文学艺术、法律、管理及实用技术类书籍，凡是在社区务工的进城务工人员和社区青年均可借阅，书籍每两个月轮换一次。这些社区图书馆为进城务工人员提供的服务收到了很好的效果。

高校图书馆的主要服务对象是高校师生，但部分高等院校图书馆的文献信息资源体系与进城务工人员迫切需要的专职技术方向相符合，很适合进城务工人员阅读。同时，高校图书馆的报刊、休闲性质的书刊也可以供进城务工人员阅读，因此，部分高校图书馆也向进城务工人员提供服务。浙江林学院东湖校区图书馆建馆以来，一直面向社会开放，普通市民都可以进入图书馆看书、查阅资料，如果办理了借书证还可以把书籍借回家看。学校附近的进城务工人员，会在午休时和晚上到馆内看书、读报、纳凉。高校图书馆在服务能力允许的情况下为进城务工人员服务，可以在服务社会弱势群体、承担社会责任的同时使自己的文献信息资源获得更加充分的利用。

在社会各界逐渐重视进城务工人员问题的同时，一些企业与图书服务机构合作，建立了企业图书室，以满足进城务工人员的文化需求。例如，星星集团、爱华控股集团等企业与浙江椒江区图书馆开展合作，由企业提供场所、书架座椅等硬件设施和管理人员，图书馆免费提供图书，建立了企业图书室，为企业员工服务。企业图书室的建立改善了进城务工人员的阅读环境与阅读条件，使得进城务工人员对文献资源的获取更加方便。

除此以外，各地工会组织也为进城务工人员开展了各种文化服务，如成都市总工会通过开设进城务工人员夜校、创建进城务工人员书屋、成立新市民学校等途径，对广大进城务工人员开展富有特色的服务。具有丰富的服务经验的工会组织对进城务工人员更加了解，因此，能够为进城务工人员提供针对性更强的文化服务，帮助进城务工人员提高文化素质和技能水平，更好地适应工作要求。

总之，为了更好地服务进城务工人员文化生活，图书馆界付出了巨大的努力，社会各界也积极配合，为服务进城务工人员文化生活贡献自己的力量。

二、图书馆服务进城务工人员的时间

目前，我国图书馆的开放时间一般为9点至17点，个别图书馆的开放时间会根据具体情况有所延长。以国家图书馆为例，在一般情况下，国家图书馆的总馆南区、古籍馆和少年儿童馆的开馆时间为9点至17点，总馆北区在工作日的开馆时间为9点至21点，在周末的开馆时间为9点至17点。而高职院校图书馆的开放时间一般为8点至22点，个别图书馆会有所延长。以十堰职业技术学院图书馆为例，该馆的开馆时间一般为8点至21点半，双休日同样开放。

社区图书馆的开放时间一般与上班族的工作时间大致重合，以8点至17点居多，个别社区图书馆的服务时间会有所延长。以郑州市天下城社区为例，该社区的图书馆的开放时间为周一到周五的8点至12点和13点至17点，周末不开馆。

企业图书室的开馆时间一般为工作日的下午和晚上以及周末的白天，这段时间员工利用图书室的概率相对较高。例如，环球数码媒体科技研究有限公司的图书室工作日的开放时间为13点至17点半和19点至21点，周六的开放时间为9点至12点和12点半至17点半，其他时间不开放。

总体而言，图书馆和社区图书馆的开馆时间一般与工作时间重合，个别图书馆的开馆时间有所延长；企业图书馆的开馆时间考虑到员工的阅读需求，与员工闲暇符合；高校图书馆的开馆时间相对较长，方便读者全天候地利用图书馆的服务。

对于进城务工人员而言，闲暇主要是晚上和周末，因此，企业图书馆和部分服务进城务工人员的高等院校图书馆的开放时间可以满足进城务工人员的需求，而开放时间与进城务工人员工作时间重合的图书馆和社区图书馆则难以满足进城务工人员的需求。为了更好地服务进城务工人员，一些为进城务工人员提供服务的图书馆和社区图书馆适当地延长了开馆时间，保证进城务工人员能够利用其提供的服务。例如，上海普陀区图书馆实行了全年无休制，延长开馆时间，并提供多渠道信息咨询服务，设立“外来创业者图书专架”，开通“外来创业者信息咨询服务热线”，在图书馆网站增设“为外来创业者服务”栏目等，为城市外来务工人员服务。

总之，为了与进城务工人员闲暇相契合，为进城务工人员提供服务的图书馆根据具体服务情况对开馆时间进行了调整和延长，以满足进城务工人员读者的具体需求。

三、图书馆服务进城务工人员的内容

（一）阅读意识培养

进城务工人员工作繁忙，闲暇不多，而且大部分闲暇被电视、睡觉、聊天等占用，只有少数时间被用来读书看报，所以，大部分进城务工人员缺乏阅读意识。阅读是获得知识和技能的一个重要途径，也是娱乐休闲的一个良好方式。对于进城务工人员而言，阅读可以舒缓工作压力，充实进城务工人员的精神生活，还可以为进城务工人员提供技能与知识服务，因此，培养进城务工人员的阅读意识非常重要。只有进城务工人员愿意阅读、主动阅读，图书馆才能发挥其资源优势与服务优势，让进城务工人员的阅读生活更加精彩。

图书馆在为进城务工人员提供服务的过程中，已经意识到了阅读意识培养的重要性，部分图书馆加强了面向进城务工人员的宣传工作，力图培养进城务工人员的阅读意识，培养进城务工人员的阅读需求。

（二）阅读指导服务

进城务工人员的知识水平一般不高，对图书馆的资源建设系统不甚了解，对图书馆的资源体系知之不多。因此，为了保证进城务工人员能够快速、准确地找到所需要的资源，图书馆针对进城务工人员提供专业的阅读指导。针对进城务工人员的阅读指导，图书馆在向进城务工人员宣传图书馆服务机制和资源建设情况的同时，为进城务工人员提供专业的针对性服务，指导进城务工人员如何快速、准确地对文献信息资源进行搜索，保证进城务工人员可以快速地找到目标资源。

同时，随着互联网和数字阅读的迅速发展，尤其是网络使用费用的日益低廉和数字阅读终端的广泛普及，使用互联网进行数字阅读的进城务工人员越来越多，进城务工人员对数字阅读的需求增长很快。图书馆的数字资源比较丰富，通过提供数字阅读，可以使进城务工人员能够远距离享受图书馆的高质量服务，获得更加便捷、高效的阅读体验。目前，一些图书馆已经向读者提供网上数字阅读服务，这种服务方式快速、方便，很适合喜欢上网的进城务工人员使用。为了让更多的进城务工人员能够享受到数字阅读和网络阅读的便捷服务，一些图书馆为进城务工人员提供了电脑使用和网络技能培训，帮助进城务工人员学会利用图书馆的网络资源。

另外，一些图书馆还针对进城务工人员提供阅读方法的指导，帮助进城务工人员“善读书”，使进城务工人员的阅读更有效率，收获更大。

（三）职业技能培训

进城务工人员的文化素质和就业技能普遍偏低，使得他们在城市就业竞争中处于不利的地位，随着城市经济水平的不断提高和高新技术产业的兴起，城市用工单位的就业门槛在不断提高，低素质劳动力的就业领域越来越窄，进城务工人员的就业压力越来越大。由于面临就业的困难，他们迫切渴求就业方面的信息和培训。因此，图书馆应该通过积极开展各种形式的就业服务，为进城务工人员提供多种就业机会，提高进城务工人员的生存能力。

目前，一些图书馆配合政府等有关部门，积极开展各种有针对性的教育和集中培训，为进城务工人员提供继续教育的机会，使其掌握科学文化知识和劳动技术。还有一些图书馆不定期地开办电器维修、计算机操作、科学养殖、美容美发等培训班，帮助进城务工人员在激烈的就业竞争环境中，掌握生存发展的实用技能，取得竞争优势。

例如，深圳市盐田区图书馆了解到当地很多进城务工人员除了爱读书外，还有相当一部分进城务工人员希望利用业余的时间学习计算机知识，或熟悉掌握自己本职业技能的想法，因此先后举办了两期专门针对进城务工人员学习电脑的免费培训班，邀请有多年计算机教学经验的教师给进城务工人员授课，并免费赠送培训教材。

（四）就业信息服务

由于流动性大，知识与技能水平有限等原因，进城务工人员在就业竞争中处于劣势，因此，进城务工人员迫切需要就业方面的信息与培训。其中，丰富、准确的就业信息可以为进城务工人员就业提供更好的支持。图书馆可以充分发挥自身设施先进、查询手段专业的优势，全面准确地搜集整合相关信息，为进城务工人员开辟就业信息渠道，及时提供就业信息服务和指导，满足进城务工人员读者群的就业需求。

图书馆可以为进城务工人员提供的就业相关信息服务包括提供高中、大学的复习和考试信息；提供就业信息数据库，帮助寻找合适的或对口的就业机会；提供科学养殖致富信息，招聘信息和网站等。

（五）法律知识援助

外来进城务工人员经常遭遇歧视和偏见，受到心灵上的伤害，同时，由于各种社会原因，进城务工人员很容易受到人身权益的侵害，拖欠工资、工伤得不到应有理赔的情况屡屡发生。进城务工人员平均受教育程度低，普遍法制观念淡薄，发生了这样的纠纷，一般不懂得运用法律武器维护自己的权益，很容易出现暴力行为。基于这些，一些图书馆把提供法律法规方面的服务作为一项重要工作内容，在为进城务工人员服务过程中加强了对进城务工人员的法制观念教育，为进城务工人员提供相应的法律知识援助。

例如，深圳某图书馆考虑到深圳外来务工者在维护自己权益上可能面临的法律问题，设有专门的法律咨询台，帮助有需要的进城务工人员了解劳动法以及相关政策，提供基本的法律知识援助。同时，为了更好地帮助进城务工人员了解自己的权益和义务，深圳某图书馆充分利用已有的空间优势和资源优势，连同工会、劳动、工商、法律、医疗等部门专家进行法律专题讲座，帮助进城务工人员实现创业、就业、维权、保健等，提高其就业能力和维权意识。

（六）定时专题服务

进城务工的农民从事的主要是第二、第三产业的工作，以制造业、建筑业和服务业为主。一些图书馆根据进城务工人员从事行业的不同定期举办不同行业的专题服务，举办该行业的图书展览和相关讲座，为进城务工人员介绍该行业的相关知识，提供该行业的技能培训，为进城务工人员提供专题性质的服务。

从内容角度来看，图书馆为进城务工人员提供的专题服务主要有思想类专题服务和技能类专题服务。思想类专题服务旨在帮助提升进城务工人员的精神文明素养，提高进城务工人员社会参与的适应性，包括道德文明专题（社会公德、职业道德、个人修养等）和心理素质专题（心理分析、心理调节、审美情趣等）；技能类专题服务旨在帮助提高进城务工人员的就业能力和在城镇生活能力，改变进城务工人员的经济贫困状态，包括图书馆专业技能专题（图书馆的利用、图书馆信息检索方法等）、职业技能专题（职业学历教育培训、职业培训）、保障维权技能专题（保障制度、法律咨询、维权途径等）和娱乐技能专题（文体活动、文化生活等）。

定时专题服务为进城务工人员提供了针对性的知识服务和技能培训，使进城务工人员能够获得符合需求的服务，对进城务工人员的素质培养有一定的促进作用，有利于进城务工人员的职业发展。

第三节　图书馆服务农民创业的原则与模式

一、图书馆服务农民创业的原则

（一）时效性

信息服务的时效性主要是因为一些信息（市场、政策信息等）的效用价值具有一定的期限，价值的大小与其所提供信息的时间密切相关，如果提供的时间越早，其价值就会越大。在这个开放的市场环境里，创业农民要获得竞争优势，需及时掌握各种最新信息，信息传递稍有迟缓就有可能贻误时机。科学技术的不断创新，新的科技成果层出不穷，这也需要科技信息员不断跟踪新的技术成果，将其运用到农民的生产活动中，转化为新的经济增长点。图书馆要提供有效的信息服务，不仅要根据读者的需求，及时收集、加工最新信息，同时还要借助网络以及现代化的通信技术，加快信息的生产和传递速度。

（二）针对性

图书馆开展农民创业信息服务要以农民读者为导向，首先需明确具体的服务对象。我国自主创业的农民数量庞大，图书馆在有限的资源条件下，不可能为所有人提供服务，因此要保证有限的资源发挥最大的效用。所以，选定重点服务的对象能让图书馆的服务辐射到所有创业农民，如农村能人、农民创业协会、农技推广员和村干部等。通过对服务对象进行详细的调查，了解创业农民的特点，分析他们在创业活动中的信息需求，以提供有针对性的信息内容。例如，开展与农业相关的创业农民的信息需求偏重于市场供求、市场预测分析、技术信息、产品品种信息等；创办企业的农民则注重于融资、技术、市场行情、政策、管理等方面信息。

（三）交互性

在传播学中，一般认为信息传播的过程为信息源主体将信息编码后，通过某种渠道（媒介）传递给信宿即受众（信息接收者），信息受体通过信息解码后，再通过该渠道反馈给信息传播主体，形成一个完整的信息传递过程，有时信息传播主体与信息受体相互交替角色。而在当前的农村信息服务体系中，因为没有健全的信息反馈体系和机制，农民长期作为信息的接收者存在而非信息的发布者，农民的话语权受政治、经济、文化、社会不公平等因素的影响被无情地剥夺了。这种“自上而下”的信息服务模式让农民长期处于被动接收信息的地位，大大制约了农村信息活动的效果，制约了农村社会的进一步发展。图书馆在为读者服务过程中要克服这种服务模式的缺陷，开辟专门的渠道收集创业农民反馈的信息，不仅有利于图书馆对服务效果进行评价，改进服务内容和方式，也有利图书馆彰显自己的价值，从而为向政府争取更多支持提供依据。

（四）适用性

要保证信息服务的效果，一方面要注重信息服务内容，如何捕捉到符合本地实际，同时又很有价值的信息，这就需要信息服务人员认真分析、积极探索，同时也需要不断积累经验，这是个循序渐进的过程。信息服务人员要充分利用图书馆的独特优势，采用现代的和传统的检索手段，从繁杂的信息中，检索出适合本地特点、有利于本地经济和社会发展的信息，并对这些原始的信息进行加工整理，为服务对象提供能反映本质问题和最新情况的真正适用的信息。另一方面要选择合适的服务方式。在我国创业农民文化水平普遍较低情况下，通俗易懂、图文并茂的报纸或期刊比较受欢迎。在农业科技特别是新技术的推广方面，报刊的传阅率高，适合深度传播，传播效果明显优于电子媒介。通过网络提供服务已成为图书馆重要的服务手段，但是在为创业农民提供信息服务时，图书馆需慎重选择服务方式。

（五）连续性

在国家新农村建设政策的推动下，很多组织或机构都组织了“三下乡”活动，这些活动大都拘于形式，很少在长期性上下功夫。它们所提供的信息与农民需求错位，甚至出现一头热的情况，服务效果并不明显。在资源建设上，本研究在对部分图书馆开设的“文化共享工程”网站进行访问时发现，很多网站资源没有进行实时更新，很多都只是停留在建站初期对资源的简单填充。然而，创业是一个持续发展的过程，在不同的发展阶段，对于信息的需求内容和形式都有不同的特点。农民创业的政策环境也在不断变化，国家在不断出台各种鼓励农民创业的优惠措施。要保证这些信息能够及时有效地传递给利益相关者，图书馆就需要进行持续的跟踪服务。

二、图书馆服务农民创业的模式

（一）图书馆开展农民创业服务现状

现阶段，各级图书馆都有开展与农民创业有关的服务，国家图书馆和省级图书馆收集整理出了丰富的信息资源。例如，国家图书馆设立有“政府信息”“新农村建设”两个栏目提供农民创业的各种信息。“政府信息”（中国政府公开信息整合服务平台）栏目，可以检索中央各部门及各级地方政府颁发的所有有关农民创业的政策、法规。“新农村建设”栏目，主要是关于新农村建设的网络资源学科信息导航，提供农业科技信息、产品市场信息、新农村建设服务机构信息以及农民创业项目信息、专家建议、创业点子等。大多数省级图书馆也构建了各种特色资源服务“三农”（见表7-1）。

表7-1　我国部分省级公共图书馆农村信息服务资源建设统计

省级图书馆	资源内容
黑龙江省图书馆	建有专门的数据库，如自建寒地黑土（农业技术开发利用）数据库、北大荒数据库、黑龙江农业数据率

续表

省级图书馆	资源内容
吉林省图书馆	提供各种视频资源，如关于农民技术培训、农业特色种植养殖方面培训材料等。编制的《致富信息参考》（每月一期）是面向工作在农业第一线的各级领导干部、农技科研推广人员以及广大农民朋友创办的。所设栏目灵活多样，主要有政策法规、税费改革、市场分析预测、种养新品种、农副产品深加工等
辽宁省图书馆	自建特色资源库，包括农村科普知识、普法知识、养殖技术、种植技术等内容
天津市图书馆	“走进农村”栏目，提供品种、农业技术、农业科普、法律法规等方面的信息
湖北省图书馆	开办“就业三千六百行”栏目，提供有数千条与创业相关的成功案例或创业经验总结
江西省图书馆	开设服务创业专题书架，以响应江西省开展“创业服务年活动”，推动全民创业。建立“农民网校”提供种养技术的视频资料。另外,图书馆还建有“走进企业”“走进社区”等专栏
湖南省图书馆	编制《农村科技文摘》，该刊现由湖南图书馆、省科协普及部和省农学会共同主办，湖南省内公共图书馆系统、科学技术协会系统数十家单位参与合办。提供专门的“农村资源”栏目，提供关于农村政策、农贸行情、农村科技、进城务工等各方面的信息，建有农业数字图书馆
浙江省图书馆	设立专门的信息服务中心，收集报刊资料，建设“聚焦浙江”主题特色资源建设，建立地区共享资源库，收集本地区创业的各种相关报道，促进全民创业
广西图书馆	建立“广西社会主义新农村建设专题资源库”，分为养殖篇、种植篇、加工经营篇、文化旅游篇等；收集各种创业成功案例以及一些适合当地农民创业的点子；构建的农民进城务工技能专题资源，涵盖了农民进城务工可从事的大部分工种
云南省图书馆	构建了特色资源数据库，如云南花卉、服装等培训视频。提供再就业培训、市场分析、农业资讯、种植技术、养殖天地、云南花卉、云南烤烟、政策法规等各方面信息
山西省图书馆	建有“农业实用信息快报”和“山西经济事件”特色数字资源，提供相关的农业政策和农业动态，定期进行更新
陕西省图书馆	“三秦资讯岛”提供政策、企业等各方面信息。图书馆还组织很多相关专题资料汇编“创业农业”专题、“富民强省——返乡农民再就业”专题、“富民强省——全民创业”专题以及各种地区经济发展专题
青海省图书馆	先后编印了《领导参考》《再就业信息》《乡镇企业技术信息》《西部大开发信息》《两会代表、委员谈青海省图书馆西部大开发专辑》《西部大开发——有关省区的思路与措施》《全国各地发展文化产业经验选编》《种植与养殖信息》《适用技术信息》等
河南省图书馆	自建了“新农村致富之路”数据库、“新农村科学知识”影库，提供农村政策、农业技术方面的指导，提供最新的产品技术信息

另外，“全国文化信息资源共享工程”也提供大量服务“三农”的信息，如“农贸市场行情”“农贸市场价格”“农村政策”“进城务工”“综合知识（农业科普知识、法律常识）”“新农村科技知识影库（提供农业种植、养殖和进城务工方面的技术指导）”等。开辟了“再就业培训”栏目，提供家政物业、车辆电器维修、美容保健和营销技能等方面的培训指导，以及农民创业成功案例分析。

在服务农民创业过程中，国家图书馆以及省级公共图书馆虽然经费、资源、人员上占有很大的优势，但地理条件的限制，使得服务的辐射范围较小。根据国家统计局 2020 年的统计结果，我国现有的县（市）级公共图书馆有 1559 个，就全国而言基本形成了公共图书馆服务网络。它们处于公共图书馆体系的底端，与基层民众有最直接的接触，在农村信息传播基础设施不完善的情况下，基层公共图书馆在服务提供上更有优势，更应成为服务农民创业的主体。充分利用现有的特色资源，减少资金的投入，将更多的精力投入服务创新中。

（二）农村信息服务主体

在农村信息传递过程中，还有其他的组织或个人以各种形式为农民提供创业相关的信息服务。这些信息组织主要包括以下方面。

（1）众传播媒介。

大众传媒主要包括电视、广播、书刊、网络等。现阶段我国农村地区使用的主要是电视、广播，这两种信息获取方式几乎覆盖了所有农村地区，传播速度快、范围广、时效性很强，尤其是广播的信息接收具有很大的便利性。这两种信息渠道虽然是农民了解市场信息和生产技术的很好的一个渠道，但是传递的内容与农民需求容易出现错位现象，缺少有效的互动性、针对性。

（2）政府部门。

信息的传递主要是依托政府组织“自上而下”的传播形式，基层组织收集农民反馈的各种信息再向上逐层传递，提供决策支持服务。这种信息传播形式具有较强的权威性，传播的内容多以方针政策方面信息为主。

（3）农技站。

农技站作为农业部门下属的技术服务机构之一，配备有专门的技术人员，深入农村地区向农民推广新技术、新产品，并为地方农业生产活动提供技术指导。农业技术人员提供的多是与农业生产相关信息，而对于市场情况的把握以及开创新事业的农民来说，能够提供的帮助也是有限的。

（4）非正式民间组织。

非正式民间组织主要是指农民自发建立的各种专业组织，这种组织具有较大的灵活性和专业性，能充分发挥人际传播在农村的作用。由于组织主体多以农民为主，因此，在应用现代信息技术和信息获取渠道方面会存在一定的困难。

（5）乡镇文化站或图书室。

乡镇文化站或图书室是政府投入建设的一批小型文化服务机构。现阶段农村图书室集中在纸质文献建设上，图书由政府统一组织购买分配，文献内容呈现多样化。一方面丰富农村居民的精神文化生活，另一方面是提高农民的科技文化素质。但也暴露诸多的问题，如书籍的补充得不到保障，信息更新不及时，缺乏相应的管理制度和专业技术人员的管理和维护等。

上述各种农村信息服务组织在农民创业信息服务中既有各自的优势，也存在一些不足的地方。因此，如何发挥各种信息渠道的优势，实现多种信息渠道的有机结合，是保证农民获取和有效利用信息的关键。基层公共图书馆在服务农民创业中要加强彼此间联系，与其他组织加强合作，建立一站式服务平台，为创业农民提供帮助，让农民更容易获得信息和咨询服务。这种服务模式减少重复投入和资源浪费，提高服务效率，也弥补了图书馆专业人员匮乏的缺点，毕竟图书馆员对农业知识、组织管理等方面的知识不够专业。

（三）公共图书馆服务创新的服务模式

通过上面对农民创业过程中内部信息传递特点以及外部信息服务组织之间的各种关系分析，可以构建出公共图书馆服务农民创业的模式（见图7-1）。

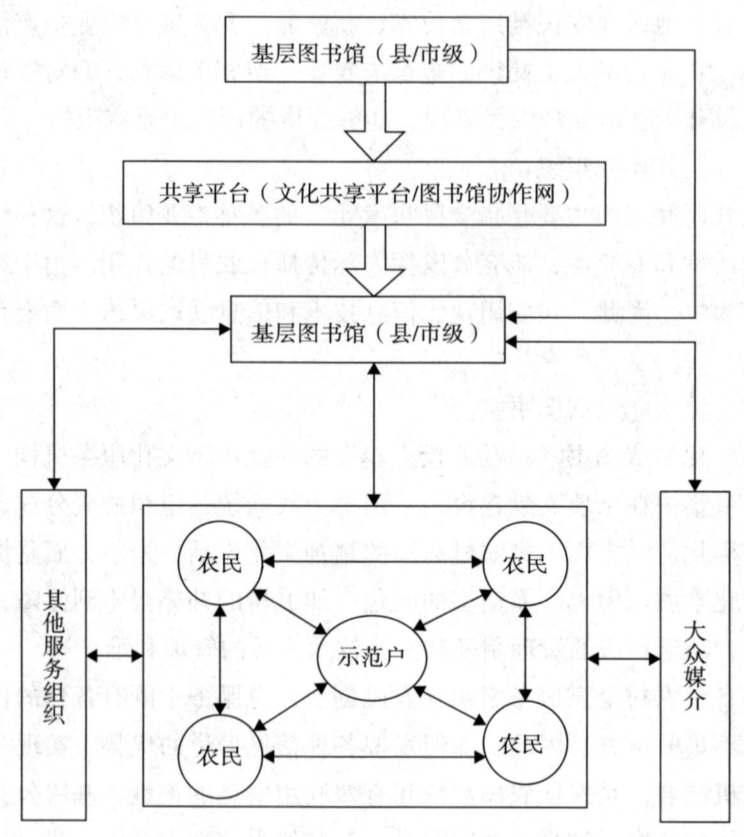

图 7-1　图书馆开展农民创业服务的模式

第一，图书馆在服务农民创业时，需与农民及农村现有的信息活动特点相结合。首先，重视“意见领袖”在信息传递中的重要作用。在我国农村信息传播中，人际传播具有针对性强、灵活互动等特点，发挥着举足轻重的作用。乡村传播学研究表明，农村地区信息传播渠道按其所起的作用大小，依次是人际传播、组织传播、大众传播。在农村地区，“意见领袖”主要是指在农村地区表现突出或具有一定权威性的人，如种养大户、农民企业带头人和生意人等，他们扮演着农村“意见领袖”的角色。尤其是成功的创业者对于创业农民具有很好的示范作用，对于这些发生在现实生活中的成功案例，创业农民更容易接受和模仿。农民创业成功者在农村也就发挥着“意见领袖”的作用，图书馆在服务中以示范户为核心，通过示范户来辐射整个农村地区，取得事半功倍的效果。

第二，加强各级图书馆及信息服务组织之间的协作。在推进乡村振兴过程中，各级图书馆和信息服务组织都开展了不同形式的服务，加强彼此之间的合作，一方面减少资源建设的重复浪费；另一方面是通过建立一站式的服务平台，提高服务的质量和效率。

图书馆开展农民创业服务必须处理好两个方面的关系。一是各级图书馆之间的纵向关系。结合上面对国家和省级图书馆开展相关服务现状进行了总结分析，基层图书馆作为服务的主体，利用共享合作平台与国家和省级图书馆实现资源服务共享。另外，发挥省级图书馆对地方图书馆发展的指导作用，提供相应的服务、技术和人员培训等服务。二是处理好图书馆与其他组织之间的横向联系，实现优势互补。这些组织既包括政府、农技站这种正式的组织形式，也包括各种非正式组织。图书馆依靠信息资源优势，为基层政府和组织开展专题咨询服务，做好决策支持服务。同时，图书馆还可以对农村信息专业服务人员提供一定的培训服务，提高他们的服务水平和服务质量。

第三，发挥大众媒介的宣传作用，推广图书馆的创业服务。随着广播电视“村村通”工程的实施，这两种信息接收方式覆盖了大部分农村地区，范围较广。而且大众传播具有传播速度快、时效性强的特点，尤其是广播信息接收具有很大的便利性。因此，这些大众媒介成为农民获取信息的重要渠道，也能成为图书馆服务宣传的手段。这对于提高图书馆的社会形象，争取更多政府和社会力量支持也是有益的。

第四，基层图书馆服务农民创业时应发挥主动性。由于图书馆服务主要集中在城市以及周边地区，广大农村地区民众图书馆意识淡薄，这也是基层图书馆利用率低下的一个重要因素。图书馆服务农民创业，也是图书馆及其服务的一个推广普及的过程。

第四节　图书馆服务进城务工人员的策略

一、帮助进城务工人员提升信息素养

（一）帮助进城务工人员提升信息获取技能

在全面认识图书馆之后，进城务工人员群体还要主动学习如何利用图

书馆。“授人以鱼，不如授人之渔”，参加图书馆开展的图书馆培训和学习图书馆使用的各类技能，将有效地帮助进城务工人员群体更好地利用图书馆。进城务工人员群体获取利用图书馆的各类知识主要包括入馆培训、基本技能培训、专题培训。入馆培训主要目的是让进城务工人员群体对图书馆有个初步了解，图书馆有哪些资源，图书馆提供哪些服务，图书馆的规章制度，图书馆分类法，如何办理读者证，读者证的功能等内容。基本技能培训包括电脑基本操作、电脑打字、办公软件等内容，旨在提高进城务工人员群体计算机能力，为使用数字图书馆做准备。专题培训包括信息检索培训、数据库使用培训等内容，旨在帮助进城务工人员群体使用数字图书馆和数字资源，这些措施帮助进城务工人员群体获取实体图书馆的资源和数字图书馆的资源，如网上图书馆的使用，微信图书馆的使用，手机图书馆的使用，让进城务工人员群体能更方便、更快捷地使用图书馆资源。

（二）培养进城务工人员利用图书馆的习惯

培养看书、借书和利用图书馆的习惯，是增加图书馆与进城务工人员读者之间黏性的重要途径。大部分进城务工人员群体没有经常利用图书馆的习惯，要养成利用图书馆的习惯，可以从简单的事情开始做起，如办理图书馆的借阅证，尝试借阅一些难易适中或感兴趣的图书，参加图书馆的入馆培训，主动了解图书馆的使用。图书馆不仅有丰富的藏书，还有各类丰富的文化活动，如展览、朗诵会、故事会等，给热爱阅读的读者提供了一个交流的平台。进城务工人员除了来图书馆借还图书、参加图书馆的活动，图书馆还为进城务工人员读者提供了一个较好的学习场所，进城务工人员群体可以来图书馆进行自习，养成不断学习的习惯，不断提高自我修养和自身技能。此外，图书馆要开展相应的活动，如根据进城务工人员群体需求开展特色活动，组建阅读俱乐部，建立“打卡”奖励机制等，激发进城务工人员群体利用图书馆的兴趣，鼓励其利用图书馆，逐渐培养该群体利用图书馆的习惯。

二、创新服务方式，加强宣传力度

（一）多方式服务进城务工人员的阅读、学习

图书馆应开设进城务工人员专栏服务工作，实地调研群体的阅读需求，

动员引导社会各界重视进城务工人员的阅读。发挥社会名人、文化名家的阅读引领作用，开设实际性知识讲座，引导进城务工人员广泛参与全民阅读活动中。开展针对性服务，针对进城务工人员的阅读需求和实际困难，图书馆在阅读内容供给过程中，要以实际阅读需求为准则，以阅读内容的质量为核心，提供有效服务，如主题阅读推广活动，线上线下的充分结合，促进图书馆的大力发展；开展多样化的服务方式，包括书籍的共享交流、专题项目的研讨、实践的体验、作品的征集与竞赛、图书的捐换、特色主题的宣传、文化阅读的延伸、最佳书目的推荐八大类活动形式，鼓励更多的进城务工人员到图书馆阅读，激发其利用图书馆的欲望，形成双方的良性互动。

（二）吸收社会力量共同参与

图书馆可以借助社会多方资源，为进城务工人员提供更优质服务。第一，积极与社会组织合作，因为社会组织属于非营利性质，不仅可以弥补图书馆服务进城务工人员中未覆盖的部分，还可以建立长久有效的合作关系，形成共赢，促进进城务工人员享受更全方位的公共文化服务。第二，重视志愿者的力量。图书馆要不断完善相应的志愿者服务保障机制，广泛吸引各类文化人才加入图书馆志愿服务队伍，合理发挥志愿者的作用，不仅可以进一步完善服务，也可以注入新鲜活力，促进图书馆的长远发展。第三，与企业建立长效合作关系。企业有义务为员工提供可持续发展的条件，帮助进城务工人员的学历、技能上一个新的台阶，企业与图书馆可以根据进城务工人员的情况就近设立流动图书馆、图书馆分馆、临时图书室，进一步提升进城务工人员的文化素养。

（三）拓展图书馆的服务功能

传统的图书馆服务单一，难以满足进城务工人员的文化需求。在转型需求的新形势下，图书馆作为促进全民阅读、推广终身学习、丰富精神生活、助力社会发展的重要阵地，必须从自身内在出发，在保留原有特色的基础上，结合进城务工人员的个性化需求而丰富服务内容、拓展服务功能。针对进城务工人员的就业“瓶颈”，图书馆要大力拓展文化教育的功能。联合公司、社区、人力、社保等部门，全力获取政府的资金注入，聘请不同行业的人士、专家对进城务工人员开展线上线下的文化和技术教育，通过举办公益性的技能讲座、技术培训等，免费为进城务工人员提供职业指导，传授就业的经验，讲解就业扶持政策，提供与培训相匹配的就业机会并制订职业的长远发展规划。针对参考咨询方面，积极为进城务工人员提供公共社会安全、劳动权益保护、法律法规常识等方面的服务，提供知识援助。

（四）多种形式扩大宣传面

图书馆要大力改变被动宣传的姿态，加强宣传意识。第一，工作人员要充分认识宣传的重要性，及时向进城务工人员告知最新的活动、在人口密集区域贴宣传海报、实时更新网站相关的活动信息。第二，更新宣传理念。站在进城务工人员的视角，采取他们喜闻乐见的方式宣传图书馆的服务功能。第三，以新媒介为工具，扩大图书馆服务政策的宣传和导读力度。新媒体时代的到来，促使人们接受信息的方式发生改变，从过去的传统被动接受转化为现在的新媒介实时传播，身边的各种信息不断充斥着进城务工人员的生活，同时，图书馆的服务要与时俱进，紧跟时代，充分挖掘现代化媒介的优势，利用整合网站、微博、微信、短视频等平台及时进行服务活动的推广和服务项目实时更新，让进城务工人员能够在第一时间内了解信息资源。第四，开展线上线下图书馆功能的宣讲活动，满足进城务工人员随时随地认识、了解并充分利用图书馆的需求。也可以按照不同的标准划分，如年龄段、职业等，制定不同的特色化阅读主题，开展形式多样化的宣传推广活动。对于优秀项目和重要作品，图书馆要为进城务工人员要做好精准化、专门化的导读工作。

三、鼓励社会力量积极参与图书馆服务

（一）鼓励企业参与图书馆建设

企业不仅要生产优质的产品和服务，而且要培养优秀的公民和人才。企业的主要目的是追求利润，但不可忽视的是企业也应当主动承担起自己的社会责任，做一个有担当的企业。企业除了要保证员工的健康安全，还应该为员工的可持续性发展提供条件，满足员工精神文化的需求。老一代进城务工人员进城务工是为了“盖房子、娶妻子、生孩子”，新生代进城务工人员更希望能融入城市，成为城市居民。企业应当根据自己的情况为员工提供提升

自我的环境，在本企业内或者是工业园区内设立图书馆，满足员工学习、娱乐等方面的需求。一个企业的进步，靠的是人的进步；一个企业的升级，最终还需要人的因素的升级。员工素质的提高，带来的是企业的持续发展和利润提升。政府部门应当鼓励企业参与进城务工人员文化服务建设，通过制定相关政策，对积极参与的企业实行财政补贴或减免政策。企业参与图书馆建设的方式多种多样，企业可以选择与本企业相符合的方式，对于大型及实力雄厚的企业，企业可以出资、出场地，由图书馆提供业务指导和人员培训；对于中型企业，由厂区提供场地，政府提供相应资金，图书馆提供业务指导和人员培训；对于小型企业，政府提供场地、资金，图书馆提供业务指导和人员培训。

（二）积极与社会组织合作

社会组织根植于基层，能及时了解进城务工人员群体的需求，从而发现图书馆在服务当中的问题。社会组织可以从提供服务、资源整合、搭建平台等方面参与图书馆面向进城务工人员的服务。社会组织具有非营利性、专业性、自愿性、独立性的特点，不仅能够弥补图书馆面向进城务工人员群体服务的不足，还能通过合作的方式，实现“三赢”，即进城务工人员群体能够享受更完善的公共服务，图书馆可以弥补服务的短板，社会组织能充分发挥其作用。例如，由清湖劳务工图书馆、清湖社区工作站和北京大学的深圳研究生合作创办的“清湖社区学堂”为进城务工人员群体开展培训班、兴趣小组、知识讲座、电影放映、户外娱乐活动等多样性的活动，帮助进城务工人员群体丰富业余生活。除此之外，“清湖社区学堂”又增加了四大特色板块：“新青年公益培育园”“新工人文化创意园”“新团结经济共享圈”“新生活健康活力圈”。“新青年公益培育园”主要开设各类公益课程和培训；“新工人文化创意园”坚持由工人创作、反映工人心声、面向工人群众的文艺发展之路，打造工人自己的文化；“新团结经济共享圈”通过搭建供需对接平台，以互助理念为社区青年工人提供生活服务，“新生活健康活力圈”则提倡集体运动、健康活力的“新生活”。

（三）充分发挥志愿者的力量

深圳市文体旅游局发布的《文化志愿服务管理办法》指出，文化志愿服务的范围主要包括在图书馆开展公益性文化服务，深入城乡基层开展文艺演出、辅导培训、展览展示、阅读推广等公益性文化服务，为进城务工人员和生活困难群众等提供公益性文化服务。深圳是一座志愿者之城，深圳的志愿者服务已经成为深圳的名片。在图书馆面向进城务工人员群体服务方面，要认识到志愿者的作用，并合理发挥志愿者的力量。志愿者能配合图书馆完成简单的图书整理、维持秩序等服务，图书馆还应该深入挖掘志愿者服务潜力，更好地完善图书馆面向进城务工人员群体的服务。例如，根据志愿者的特长，有针对性地开设符合进城务工人员群体的知识培训和讲座、技能技术培训等，深圳图书馆律师志愿团每周末都会有律师在图书馆为大众提供免费的法律咨询。图书馆要努力打造一个志愿者服务平台，充分发挥志愿者的力量，引入志愿者的力量参与对进城务工人员的服务建设。图书馆不用花费资金、进城务工人员群体可以免费获得服务、志愿者可以得到社会的认可和自我价值的实现，实现共赢。图书馆既可以自己招募志愿者，也可以与相关志愿者团体合作，以补充自身在服务进城务工人员群体中的不足。

四、推进大数据平台提升现代化服务水平

（一）搭上5G快车

5G时代的到来，会引发一场数字文化及产业颠覆式的变革。5G产业的发展迅猛，发展前景远大。

5G与公共图书馆的充分结合，促进公共图书馆服务效能进一步得到提升。为进城务工人员导航，实现无感借阅，结合无线精准定位技术享受导航系统内的AR服务；与进城务工人员进行各类活动与会议的互动，开展云课堂，实现超清全景互动，提升读者的体验感；精准化大数据分析读者阅读和活动的喜好与个性化，提出有针对性服务的创新，增强公共图书馆对进城务工人员的吸引力；与人工智能的充分结合，实现智能场馆、智能安防，5G时代的图书馆继续当好优秀传统文化的推进者，积极推进数字化、信息化、智慧化建设。

提高对于新形势的认识，抢抓新时代的机遇，着力制订规划、完善机制、加强统筹、深化服务，在“5G+图书馆”事业中抢占先机、赢得主动，

由此，必将在5G技术的创新科技驱动下持续推动中国图书馆事业的进步，促进公共文化服务的大繁荣，全面实施文化强国和学习强国战略目标。

（二）提供移动阅读新方式

针对进城务工人员的工作、生活特点，公共图书馆提供适宜的公共文化生活方式——移动阅读，是充分结合互联网、移动通信技术的快速发展而发起的一种新兴的阅读方式。主要有传统图书与互联网的联合，在保留原始书写的基础上整合大数据的信息交互，可以实现实时更新、便捷携带、全民参与等；创新性的方式内容，丰富的表现形式，不仅压缩了制作成本，也符合绿色低碳理念，实现可持续性的发展；打破了时间与空间的限制，在快节奏碎片化阅读的今天为进城务工人员提供省时、高品质服务，促进进城务工人员的全方面学习，助推学习型社会的构建。

公共图书馆要充分认识到向移动阅读方向转型的必要性，从社会阅读大环境出发，紧跟国家最新的政策，全力建设大数据资源库，坚持创新意识，高效整合资源，加强技术能力。

（三）创新数字化文化服务

借助互联网技术，公共图书馆为进城务工人员搭建全方位的公共数字文化服务。重视数字化图书馆共享项目，为进城务工人员建立电子阅览室。整合系列的数字文化工程，建立数字化长效扶持机制；不断加强先进服务网络与技术平台的开发，着力开发市县级的数字图书馆，构建集科技、互动、便捷功能于一体的大众智能服务平台；培养数字化图书馆服务人才，积极创新机制体制，引进不同专业的人才，培养优秀、足够规模的公共数字文化建设的骨干力量；深化公共数字文化的惠民服务面向进城务工人员，坚持“建设与服务并举”的原则，协助建设与服务协调发展。以进城务工人员需求为导向，依托先进的网络、数字化技术，为进城务工人员提供专项的指导服务。

第八章　孵化乡村文化的暖巢项目——活化利用非物质文化遗产

第一节　非物质文化遗产与图书馆内在联系

一、非物质文化遗产焕发内在活力需要图书馆的参与

非物质文化遗产（简称“非遗”）是一种活态的文化，这意味着它不仅存在于历史中，也存在于当下人们的生活中，并将继续传承下去。这也就意味着非物质文化遗产并非濒临灭绝类似“遗物”的存在，而是至今依然生机勃勃，不断焕发生命力，已经成为人们日常和文化生活中的一部分。因此，图书馆，尤其是地方公共图书馆对于非物质文化遗产的首要任务，还不是“保护”与“研究”，正如赵阳在研究中提到的那样：“对于广大的人民群众来说，参与保护非物质文化遗产的单位机构，如文化馆、博物馆、科技馆都不是人们在日常的生活当中所常常接触和提起的，只有公共的图书馆，是人们生活中常常见到，甚至是经常去的保护非物质文化遗产的服务机构，这就是公共图书馆的优势所在。”也就是说，我们更应该重视并发挥公共图书馆面向公众，参与性高，保障社会成员平等获取信息机会的特点，为非物质文化遗产的收集、整理、展示提供良好的场所，从而唤起公众了解非物质文化遗产、参与非物质文化遗产传承的热情。

由于非物质文化遗产与地域文化有着天然的交集，与独具特色的地方文

化以及当地社会的发展互相交融渗透，所以，非物质文化遗产更多的是人们在社会活动中创造的地方性知识，是当地历史见证人的经历，必然要在当地人生活中留下生命印记，也是其所生活的地区和自身生命记忆的延续。公共图书馆更应重视非物质文化遗产这种情感性的表现特征，通过展演、讲座、专题展厅、文化活动等各类方式，以唤起公众重新体认这种融合了其深层精神的社会记忆，并在这种体认中加深与非物质文化遗产的情感认同，从而使非物质文化遗产能够在现代人的日常生活中，在具体的社区生活乃至在一个地区的社会生活中重新焕发生机和活力。

二、非物质文化遗产保护网络建立需要图书馆的推动

图书馆可以通过建立非物质文化遗产专门的宣传网络团队，即图书馆的管理者与非物质文化遗产继承人、爱好者与研究者通过网站或QQ群等即时交流平台，让他们对各种非物质文化遗产的内容做出专业性的发布与各种话题的发起等。进入自媒体时代，建立非物质文化遗产保护网络强调了公众参与，图书馆可以在其中搭建沟通平台，起到桥梁作用。尤其是对许多技艺类的非物质文化遗产来说，无论是在民间还是在学术界，无论是对继承人还是爱好者，都有一定的互动要求。毫无疑问，具有良好公众互动性的图书馆是最好的选择。但这样的平台绝不应仅仅停留在网络上，而应从线上到线下，从新媒体覆盖到传统媒体。现代图书馆不仅具有良好的环境和设施，也具有在一个区域内文化中心的地位，能够迅速整合起大量的社会资源搭建全方位的非物质文化遗产保护网络。

同时，我们也要看到公共图书馆在为不同参与者、使用者搭建便利的沟通交流平台的同时，也可以针对不同职业、不同学历、不同年龄层次乃至不同地区的人群，收集并整理其对非物质文化遗产的反馈，开展广泛的社会调查。这样不仅可以及时对区域性、地区性的非物质文化遗产项目资源文献进行及时更新，也能极大地促进非物质文化遗产的传播和推广，从而加强保护理念和相关行动在公众中的影响力。而这样的实践，目前更是公共图书馆需要填补的空白。

三、参与非物质文化遗产的保护丰富了图书馆的服务内容

所谓图书馆的内容，可以认为是图书馆的馆藏，即图书馆所收集的各种文献资料的总和。图书馆的馆藏包括图书、期刊、论文、照片、美术作品、计算机可读资料等。图书馆根据馆藏资料的内容不同将馆藏按照一定的编制原则分类，如《中国图书分类法》将图书分为五大类，22 个小类。这些分类并不能很好体现出“非遗”的特性，“非遗”在文化形态上具有完整的不可分割性（整体性），其内容并不是简单的某一类别，而是一个完整的行为过程，但从总体上来看这一行为过程的文化属性最强，因此国内大部分的“非遗”相关的图书都归入文化、科学、教育、体育这一类。但是，图书馆如果参与“非遗”的保护中，根据“非遗”自身的整体性，保护所得到的文献资料必然是丰富多样的。例如，湖南岳阳地区的“洞庭渔歌”是汉民族的民歌，在 2014 年被文化部批准为国家级非物质文化遗产，围绕“洞庭渔歌”的“非遗”申报会得到大量关于音乐、文学、语言学、民俗学的相关文献、图片、音频、视频等复合资料，倘若岳阳市图书馆参与了“洞庭渔歌”的认定和保护，其馆藏必然有很大的丰富。

图书馆的内容也可以理解为图书馆内部所含的实质和意义，图书馆是一种准公共物品，本研究认为，图书馆内部所含的实质和意义是完成对知识和信息的集中存储、序化、传播的工作，并满足人们对知识和信息获取的需求。“非遗”不但属于其所在的国家和地区，也是属于全人类的，从这个角度来看，它无疑是一种公共物品。而“非遗”所体现出的正是其产生地人民的知识和文化，并夹杂了长久的人类记忆，是当地人民文化和民族归属感的重要制造源，其蕴含的大量信息和知识都是图书馆完成其实质和意义所必需的内容。例如，由首都图书馆建立的保护北京地区的历史文化的“北京记忆”，在文化北京的板块当中有关于京剧、同仁堂中医药文化等“非遗”详细的介绍和宣传。在网站的建立和向公众开通的四年里，首都图书馆极大地丰富了其内部馆藏并对相关知识完成了存储和序化。两者都是图书馆参与“非遗”保护的典型范例，对图书馆的实质和意义的体现也展露无遗。

无论是客观的内容还是主观的内容，图书馆参与非物质文化遗产的保护都是对自身内容的一种极有意义的丰富。

四、参与非物质文化遗产的保护拓展了图书馆的空间服务

在数字化的冲击下，“图书馆服务也正经历一个从文献服务到信息服务、知识服务、空间服务的转变过程”。如果说图书馆对非物质文化遗产的保护和研究体现了文献服务到信息服务、知识服务的转变，那么无论是文献服务、信息服务，还是知识服务，都离不开具体的服务空间与场所。所以，很多学者将“空间服务”视作现代图书馆未来的发展趋势。图书馆本身就是一个具有特殊性的社会空间和文化场域，它以实现信息共享、知识公共、空间共用及开放式获取为价值理念，为读者提供了完整配套的资源体系、知识空间、服务设施、实体空间、学习研究场所、文化氛围等一系列信息利用环境与空间，将图书馆视作一个公共文化空间，为非物质文化遗产的文化传承提供了一个文化活动行为发生的场域。非物质文化遗产中包含着的不仅仅是文字知识和信息，它还是活生生的情感、技艺、感官体验和内心感悟，这种活态的知识天然具有与社会交流的要求。无论是音乐、舞蹈、曲艺、戏剧，还是美术、工艺、手工技艺，抑或民俗活动，都必须在一定的语境之中，在被传承者体认后才具有意义。支撑这些非物质文化遗产内容的社会文本虽然难以复制，却能一定程度上在图书馆这样的文化空间内再现：手工技艺、美术工艺等本身就可以成为图书馆空间设计的一部分，而让公众在接受图书馆服务的过程中被潜移默化；相关宣传和主题活动的开展，为公众深入接受非物质文化遗产的具体内容提供了渠道；相关纪录片等多媒体手段可以进一步再现非物质文化遗产的背景和文化场域；传承人、研究者与公众之间直接的对话和沟通也在网络时代变得可行。在参与的同时，图书馆还拥有博物馆、艺术馆等难以提供的文献、信息资源的借阅、浏览、咨询等功能，从而给读者带来更深层次的参与体验。最为重要的是图书馆这样的文化空间所带来的整体文化氛围，是其他一切载体都很难匹敌的。

图书馆以非物质文化遗产为内容的空间服务，增强了图书馆的共享度，而非物质文化遗产也因为图书馆的空间服务，其内涵能够为更多人以更多元的方式所共享。从静态到动态，从文献到文化空间，毫无疑问这是现代图书馆的发展方向。

第二节　图书馆参与非物质文化遗产保护的社会职能辨析

一、图书馆在非物质文化遗产保存环节的社会职能

“所谓文化，其实就是一种共同的记忆。”非物质文化遗产是传统文化的典型代表，是维系人类发展的纽带，是人类共同的记忆。人类就是在继承以往的记忆和创造新的记忆中延续和发展的。人类的繁衍生息，需要生命个体的出生和成长，更需要文化血脉的代代相传。令人不敢想象的是，如果人类失去记忆，世界将会怎样。人生而有限，记忆却无边。人脑的记忆功能十分有限，伴随着遗忘，伴随着个体的消亡，记忆也将不复存在。所以，对非物质文化遗产的保存也是保护工作的重要环节。

目前，非物质文化遗产的相关资料一般是由参与保护工作的各个部门自行零散保存的。参与非物质文化遗产保护和研究工作的大部分社会机构，或是国家专门负责文化管理工作的部委；或是文化与艺术的教育研究机构，如我国的艺术研究院、中山大学中国非物质文化遗产研究中心；或是由私人来管理，如法国的埃菲尔铁塔就是由私人来管理的。这样有利于各个保护部门对自己的工作情况能完整系统地把握，方便工作时利用。但是，这种做法只是实现了短期的便利。从长远发展和全局的角度来看，其弊端体现在以下两方面。

第一，它们都不是社会资源的保存机构。随着社会的发展，如果发生了机构的缩减、裁撤、改变时，在这些机构中保存的资料又将何去何从？显然，这些机构都不能完成对非物质文化遗产永久保存的职能。

第二，非物质文化遗产保护工作需要全社会的参与、合作。非物质文化遗产的保护成果需要在全社会范围实现共享。将有关非物质文化遗产的资料分别保存，会因行政管理上的划分，给其他部门利用非物质文化遗产的工作成果和研究成果带来障碍。

因此，必须有专门的机构承担非物质文化遗产的永久保存，并能够保证非物质文化遗产资源的无障碍共享。而图书馆能够完成这样的职能。

首先，图书馆是专门的社会保存机构。图书馆产生于保存文献的需要，系统保存人类文明成果是图书馆最古老的社会职能。它弥补了人脑记忆功能的缺憾，是社会的记忆机构。杜定友曾指出："图书馆的功能，就是社会上一切人的记忆，实际上就是社会上一切人的公共脑子。"美国图书馆学家巴特勒（Pierce Butler）也认为："图书馆是将人类的记忆移植到现在人们的意识中的一种社会装置。"千百年来，任凭朝代更迭、制度变迁，图书馆始终恪守着保存的职能。至今尚未出现任何一个社会机构能够像图书馆这样长久地承担着保存的职责。由图书馆保存非物质文化遗产，不会因机构的变迁而导致资料的缺损或丢失，可以实现长久保存。

其次，收集、整理社会信息资源并提供利用是图书馆的基本职能。自从图书馆从封闭走向开放，如何将保存的文献信息资源更方便地提供利用就是图书馆一直思考并不断加以改进的问题。最大限度地满足读者的信息需求是图书馆努力的目标。无论是工作理念的改变，还是现代化信息技术的应用，图书馆都在不断朝着信息资源共享而努力着、实践着，并已取得了一定的进展。现在的图书馆，愿意也有能力将保存的各种信息资源提供给全世界使用。图书馆保存非物质文化遗产，能够为参与非物质文化遗产保护的各部门提供充足的资源和方便使用。

鉴于以上的分析，由图书馆来承担非物质文化遗产的保存工作，不仅能够实现稳妥的长久保存，也能够为社会带来使用的便利。

非物质文化遗产的载体是人，由于载体形态的特殊性，对非物质文化遗产的保存与图书馆对文献典籍的保存相比，其难度体现在：如何既能将非物质文化遗产中所蕴含的价值理念、思维形式、精神追求等隐性的内涵特征揭示出来，又不失其活态的外在显性特征。事实上，要完美地兼顾这两个方面只有人脑的思维能够完成。遗憾的是，人的记忆能力有限，生命更有限。要有效地保存非物质文化遗产，需要图书馆综合运用多种手段对人脑的思维过程进行模拟。人脑的思维过程是：先由人的感觉器官接收来自外界信息的刺激，经过思维活动的简单判断和整理，在头脑中形成对事物初步的、浅表的印象。在经过学习、研究等思维过程之后，形成对事物深入的、本质的认识和理解。图书馆模拟人脑的思维过程保存非物质文化遗产应分为两个部分：对非物质文化遗产表现形式的记录和保存，相当于人脑思维中对事物初步、浅表的印象；对非物质文化遗产进行深入研究之后的资料的保存，相当于人脑思维中对事物深入的、本质的理解和认识。图书馆将这两部分结合起来保存，形成一个整体，才是对非物质文化遗产完整的保存。

对非物质文化遗产表现形式的记录来自对非物质文化遗产进行直接拍摄形成的声像记录。这样的记录有来自图书馆主动拍摄形成的，也有图书馆收集其他参与非物质文化遗产保护的部门拍摄的；对非物质文化遗产深入研究的资料来源于图书馆收集的参与非物质文化遗产保护的工作人员、相关领域的专家学者在工作、研究过程中形成的工作记录和研究成果。图书馆要与其他部门进行配合和合作，及时收集关于非物质文化遗产的工作记录和研究成果并结合起来，形成一个整体，进行有序化长久保存并提供利用。

二、图书馆在非物质文化遗产发扬环节的社会职能

目前，我国图书馆的一些服务，体现了对非物质文化遗产的宣传、保护和社会教育职能的发挥。

“爆竹声中一岁除，春风送暖入屠苏；千门万户曈曈日，总把新桃换旧符。”农历春节，是中华民族最盛大的节日，历史悠久、风俗礼节繁多，是中华民族传统文化最集中的体现，是我国重要的节日庆典类非物质文化遗产。春节之际，在国家图书馆中国国家数字图书馆的网站上，“讲座展览”中的“在线展览”栏目推出了“中国年”和“正月十五闹元宵”等有关传统节日的专题。在“中国年”这一专题里，系统介绍了春节的起源与变迁，春节风情之祭灶君、大扫除、办年货、贴春联、年夜饭、压岁钱、放爆竹、守岁、饺子与年糕、大拜年、送贺卡、娱乐活动、破五等几项内容，并根据内容配以中国传统的杨柳青年画、山东潍坊年画，或其他展示春节期间民风民俗的绘画作品。图文并茂，系统完整地将中国传统的新春佳节展现出来。通过这样的在线展览，相信无论是对中国文化感兴趣的外国友人还是中国年青一代，都会对中国的传统节日有全面的了解，并能够激发起对中国传统文化的浓厚兴趣。

除此之外，还有国家图书馆“讲座展览”中的“在线讲座”专栏。这是国家图书馆面向社会、面向大众推出的文化学系列讲座，所聘请的讲座者或为德高望重、高山仰止的学术泰斗，或为年轻有为、思想前卫的学术精英，

集国内精华、汇世界才子。这一系列讲座充分发挥了图书馆的社会教育职能，为宣传中华文化、培养文化传人起到了重要的作用。目前，这个专栏已经推出了《农历新年与藏历新年》《楹联漫话》《京剧旦行的传承与发展》《昆曲及其在中国戏曲文化史的地位》《东方心画——中国古代书法艺术》《中华传统文化中的佛教乐舞艺术》《云弦连天地琴韵越古今——蜀中古琴与中国琴歌演奏会》《中国连环画文化》《中国传统文化的现代价值》《从端午礼俗和传说看古代中国人的思维结构》《武强年画》等与中国传统文化有关的讲座。在这里，只要拥有一台连接上网的计算机，就可以免费倾听大师毕生的研究精华。中国期待着、非物质文化遗产期待着国家图书馆采取更丰富多彩的方式为社会宣讲更丰富的知识，发挥更大的社会教育职能。

从整个人类发展历程来看，非物质文化遗产既属于民族也属于世界。在世界各国的交往中，以非物质文化遗产的介绍与宣传为内容的文化交流是一个重要的方面。其意义在于通过对本国、本民族非物质文化遗产的介绍和宣传，使来自不同国家、不同民族、不同种族的人能够对整个人类历史和人类文明沿袭有更加清晰、完整的认识，使人们能够抛开政治制度差异、经济发展不同等因素的束缚，用文化架起沟通的桥梁，促进不同文化间的对话，使彼此之间能够多一些尊重和理解，有利于世界和平与和谐发展。

目前，世界各国的图书馆都已基本实现现代化、网络化。图书馆可以利用各种现代化的技术手段，将馆藏的各种非物质文化遗产资料经过数字化处理，作为专题放到网站上。来自世界各国的人都可以通过图书馆这个无障碍的窗口，领略非物质文化遗产的魅力。另外，各国图书馆之间应加强交流和互访，把关于本国的非物质文化遗产介绍给其他国家，也为其他国家的非物质文化遗产提供展示的平台，把世界文化的精髓传递给每一个人。

第三节　图书馆参与非物质文化遗产保护的现状及优势

一、图书馆参与非物质文化遗产保护的现状

目前，我国非物质文化遗产保护工作已经在政府的高度重视和社会各界的积极参与下逐步走向规范和成熟，并在全国范围内形成保护高潮。非物质

文化遗产保护工作在新的历史时期不断迈向新台阶。面对非物质文化遗产保护日渐高涨的热情，本研究在非物质文化遗产保护的重要活动中，极力寻找着图书馆的身影，希望图书馆在这些活动中也能够尽一臂之力。然而结果却有些遗憾。目前，参与非物质文化遗产保护工作的图书馆还不多。国家图书馆参与非物质文化遗产保护主要是采取展览和在线讲座的方式，较好地发挥了图书馆的社会教育职能。在非物质文化遗产分布较多的地区，地方图书馆还没有完全投入进来，优势也没有体现出来。

总体来看，我国图书馆参与非物质文化遗产保护有以下几点不足。

第一，我国图书馆没有参与非物质文化遗产保护工作的传统。

第二，我国图书馆对非物质文化遗产的保护还只是个别的行为、零星的现象，缺乏统一的规划和领导。

第三，处于少数民族聚居区、历史文化名城等地区的图书馆在当地的非物质文化遗产保护工作中基本上没有发挥出应有的作用。

第四，我国图书馆界参与非物质文化遗产保护的意识淡薄。

第五，缺乏相关理论的支持和指导。

虽然我国图书馆在参与非物质文化遗产保护仍有不足，但在政府部门的号召和领导下，我国图书馆参与非物质文化遗产保护的意识在逐渐提高，参与此项工作中的图书馆有逐渐增加的趋势。

二、图书馆参与非物质文化遗产保护的优势

图书馆参与非物质文化遗产保护具有三方面优势，即资源优势、技术优势和发展优势。

（一）资源优势

我国是世界四大文明古国之一，有文字可考的历史长达5000年之久。漫长的古代社会，在我国的历史发展进程中占据重要的地位。勤劳智慧的中国人创造了众多举世瞩目的文化。我国的图书馆自古就是人类文明成果的保存机构。从3500年前的殷商时期开始，国家即设有专门的机构和人员负责文献典籍的整理和保存，开启了我国图书馆系统、完整收集和保存文献典籍的历史。我国悠久的历史、灿烂的文化和跨越千年的文献典籍保存历史，造

就了我国图书馆的资源优势。在经历了数千年的沉淀和积累之后，我国图书馆中所保存的文献典籍和各类信息资源的总量居于世界的前列。这些文献信息资源是非物质文化遗产保护工作中必不可少的资料来源。对于了解我国乃至人类非物质文化遗产的起源、传承脉络和兴衰变迁史都有着极为重要的意义。将图书馆的资源优势充分发挥出来，会极大地推动非物质文化遗产保护工作的进程。

（二）文化优势

哲学家波普尔曾指出，如果机器和工具以及如何使用它们的主观知识都被毁坏了，但是图书馆和我们从中学习的能力依然存在，世界会再次运转；否则，我们的文明在几千年内不会重新出现。这虽然是一种“思想试验”，我们却可以从中体会到图书馆厚重的文化内涵和深远的文化意义以及对社会文明延续的突出贡献。维持历史的原貌，让文化财富积淀下来，将使研究者和传播者能够使用资料，也让后人了解祖先的生活状态，至少可以为一种已消逝的文明或文化传统提供特殊的见证。图书馆自诞生以来就一直扮演着传播文化、守护记忆的角色，其开放性、公益性的社会属性，决定了它以满足社会公众日益增长的文化需求，保障公众公平获取文化资源信息为目的，不断提升自身的服务水平和能力，在社会公共文化服务体系中居于特殊而重要的地位。“图书馆是一项公益性事业，是唯一致力于向公众提供最宽广范围的信息和思想的社会组织。”图书馆的存在对于确保人类历史文明的延续与发展具有无可替代的作用。

（三）发展优势

我国公共图书馆事业起步较晚，发展不够成熟。进入 21 世纪后，我国的图书馆事业也在党和政府的关心和支持下迎来了发展的春天。图书馆建设取得巨大的成就，图书馆的社会功能不断延伸和扩展，图书馆的社会地位不断提高。在新时代，图书馆作为社会信息资源保存与交流中心、人类文明的窗口、人类文化遗产的保存机构和国家科学教育发展水平标志的地位得到进一步的巩固和加强。处于历史上升期的我国图书馆，能够以开放的态度面对社会发展的需要，并利用自身的优势完成时代赋予的历史使命。在这样的历史条件下，图书馆参与非物质文化遗产保护，既是时代的呼唤，也是图书馆事业发展的必然要求。

第四节　以非物质文化遗产数据库的搭建为乡村振兴添力

“非物质文化遗产＋数据库”工程推进乡村振兴大业，就是要把利用现代数字技术与非物质文化遗产的论证、收集、加工、更新以及推广等统一起来，同时，不断完善地方“非遗”文化保护和“非遗”工艺发展的相关数据信息，完善乡贤艺人的认定工作，实现乡村振兴利益共享机制。

当前，许多地市都积极加入非物质文化遗产的普查、研究、保护、教育、传承、普及的行列，有的地市还成立了“非物质文化遗产研究中心”，配备了相关的编制和人员。图书馆作为本地区的文化信息中心，在做好日常文献信息资料收集整理和相关服务工作的同时，也应加大对本地区非物质文化遗产的收藏和整理工作力度，积极开发建设非物质文化遗产信息资源，传承和保护人类优秀的文化成果，为非物质文化遗产的保护发挥积极作用，并以此为前提为乡村振兴提供源源不断的动力。目前，绝大多数图书馆在构建非物质文化遗产数据库时，都经历以下几个步骤。

一、论证分析

建数据库前，根据本地区非物质文化遗产的开发情况、数据信息源的分布情况等，对本地区非物质文化遗产进行详细的摸底，调查可供建库的信息源是否充足；根据本馆技术人才分布情况，对参与数据库建设人员进行严格挑选和专业培训；根据本馆的软硬件设施情况及实际的购置能力，选择技术性能和特点都适合自己，同时又具备完善、合理检索功能体系的 建库系统作为数据库创建、发布和管理的平台。根据本地区经济和社会发展情况，认真做好读者需求的调查分析。

二、数据收集

非物质文化遗产的各种传统文化表现形式有民俗活动、表演艺术、传统知识和技能，以及与此相关的器具、实物、手工制品。非物质文化遗产具有明显的区域特征，带有强烈的地方色彩，是一个地区、一个民族的文化符号和生命记忆。相对于传统意义上的地方文献，非物质文化遗产更具历史价值、文物价值和稀缺价值。例如，柳州三江的“侗族木构建筑营造技艺”和“侗族大歌”、融水的“苗族系列坡会群”，另外还有许多诸如“柳州山歌”“高沙锣鼓”“侗戏”“芦笙斗马”等也都列入了自治区级非物质文化遗产名录。此外，大量的非物质文化遗产信息资料记录在相关的地方文献中，因此，挖掘、收集、整理这些非物质文化遗产信息资源，对构建非物质文化遗产数据库，促进馆藏地方文献资源结构体系升级十分重要。

数据收集主要是采用回溯法和追新法，目前已建成的非物质文化遗产数据库很少，而非物质文化遗产信息资源十分丰富，为了充分发挥作用，回溯过去的数据以建立全面系统的非物质文化遗产数据库十分必要；追寻新的非物质文化遗产信息源，将源源不断的无序的新的非物质文化遗产信息资料加以收集、整序、加工，并及时更新数据，以保持数据库的连续性。

三、加工整理

第一，数字音频、视频技术的应用。数字音频、视频技术适用于对濒危的少数民族语言、口碑文学以及音乐、舞蹈等民间艺术的保存，如三江侗族自治县有一种“六甲语”，仅限于自称“六甲”的当地人会说，它不同于当地的侗、苗、瑶等的民族语言，也不同于汉语，具有鲜明的特点，其来源于古代百越民族，“六甲语”中保留了许多古越人的语言特征，对于研究民族语言、民族起源及发展有着重要的研究价值。图书馆可通过录音、录像等手段将这类濒危的民族语言记录下来，同时还可以将该民族语言的基本词汇编纂成电子词典，用该语种记录与之相关的民间传说、神话等口碑文学，经过数字化处理后转存到数据库中。另外，很多濒危的少数民族音乐（如侗族大歌）、舞蹈（芒蒿舞）其表现形式是动态的，文字不能完整地记录和表达，通过录音、摄像等方式则可以相对完整地保存。

第二，3D 成像技术的应用。3D 成像技术隶属于幻影成像技术。幻影成像技术是运用光学成像原理，将立体电影的视频、动画等画面经过两次反射形成“幻影”，通过特定的显示设备进行播放，与实际的场景匹配，进行较好的吻合，并利用人眼的视觉错觉产生逼真的视觉效果。这种技术适合对民间手工艺进行分析讲解。以柳州三江侗族木建筑营造技艺为例，侗族建筑师的营造技艺极富民族特点，他们不用图纸，不用一钉一铆，仅凭几把简单的工具和十几个简单的“墨师文”，采用榫卯构件，斜穿直套，无论是体积庞大的鼓楼、风雨桥、戏台，还是精巧别致的寨门、井亭，无一不在建筑师们的手下营造出来。这种营造技艺很难用文字将其描述清楚，但通过3D成像技术建立三维仿真模型，并辅以建筑方式、材料、实物尺寸等图文解说，不仅能生动、直观地将这些建筑壮美的外观、高超的技艺展现出来，而且能深层次揭示出其中蕴藏着的侗族人民崇尚自然（忌用铁钉）、柔和温顺的精神内涵。

第三，计算机图案处理技术的应用。计算机图案处理技术是指对图案进行录制处理，提取所存图案的共有特点和色彩搭配样式，使用人工智能和网络技术对所提取的数据进行处理，建立图案专题数据库。例如，三江侗族农民画，是一种民间画种，它取材广泛，内容天真朴实，色彩艳丽，大多反映侗族民间传统的生产生活及节庆活动，如斗牛、抢花炮、芦笙踩堂等，生动活泼，极具生活情趣。对这类物件可以利用建立图案数据库的方法来对其进行保存。还有侗、壮、苗、瑶族的服饰，以及侗绣、苗绣、壮锦等传统手工艺也是原生态文化的重要组成部分，随着生活方式的改变和实用功能的弱化，一些传统手工艺也有失传之虞，我们可以借助计算机图案处理技术建立图案专题数据库的方法将这类文化保存下来。此外，少数民族文身图案、图腾符号也应该作为图案数据库保存和收集的重点。

四、更新维护

经常对数据库进行更新和维护，才能保持生命力。要注意收集数据在使用过程中的反馈信息，及时对数据进行替换、删除、修改和整理；要确定合理的更新周期，保持数据的新颖性，使用户（读者）尽早获取最新信息。维护数据库的安全是一项不可忽视的长期任务，必须常抓不懈。数据库的建设是一项艰苦、复杂、细致且持续性较长的工作，需要付出艰辛努力，才能让数据库充分发挥其应有的作用。

五、推广应用

任何数据库的建立都应该以最大限度地从用户（读者）利用为出发点，

并以满足了多少用户（读者）需要作为衡量其质量的重要标准。非物质文化遗产数据库建成之后不为广大用户（读者）所知，说明图书馆的宣传推广力度不够；宣传推广到位，用户（读者）点击率不高，则说明数据库质量不高。图书馆应把非物质文化遗产数据库的维护与推广应用放在同等重要的地位，使非物质文化遗产数据库真正发挥其应有的作用。数据库的推广范围不仅仅局限于个人用户（读者），而是要覆盖本地区甚至跨地区的相关单位和部门，以争取更多的用户（读者）受益于非物质文化遗产数据库，最大限度地发挥数据库的应用价值，进一步巩固地方图书馆的区域性专业文献信息中心的地位。

第九章　创新图书馆信息服务，助力乡村文化振兴

第一节　组建“互联网+”服务队伍，优化图书馆信息服务

近年来，农村图书馆得到了快速发展，不管是农村图书馆的服务对象，还是农村图书馆的管理状况，从传统的登记借阅到现在的信息化管理，从当初的信息检索到现在的数据库，都无不证明着社会的进步，时代的发展。我国农村图书馆工作人员的素质也在不断提升，能够通过学习新知识来适应形势变化，更好地为读者服务。

一、馆员的知识能力和要求

科技的进步，学术的发展，这些都需要服务人员具有高素质。所以，管理人员需要学会现代化的技术。

进入信息时代，中国农村的图书馆逐渐加入了很多符合现代发展的科技，如关于聊天系统的应用，其中有QQ和微信这两个实用性强的软件，这样使得其逐步接近时代发展与科技进步。为了配合高新技术的应用，需要管理者有较高的素质，有专业的知识，有开阔的视野，还要热爱这个岗位，有服务他人的热情，才可以做好自己的本职工作。推动农村图书馆的发展除了需要政府的优惠政策、完善的规章制度和法律法规外，在实际中体现的是农

村图书馆工作人员素质。对于农村图书馆的工作人员来说，他们不仅需要有较高的综合素质，还需要有专业的知识技能，以及较高的情商。为了培养这些工作人员，需要重点关注以下几个方面。第一，有较强的信息处理能力。信息处理能力主要是工作人员对于自己所接收的信息的处理能力，包括对于信息的收集、处理、筛选和分析。通过对信息的处理分析，将表面看来并没有太大用处的信息发挥出其作用，转化成有用的信息。第二，获取信息、筛选信息的能力。建设农村图书馆的目的就是让农村居民能够获得想要的信息，那么作为农村图书馆的工作人员就必须具有获取信息的能力。能够在纷繁的信息数据中找出对当地农村居民有用的信息，而不是一股脑将这些信息全部保存在农村图书馆，让前来获取信息的村民不知道该如何去查找信息。第三，对信息技术的运用能力。作为农村图书馆的工作人员，当农村居民让其帮忙在电子信息资源库中查询一些信息时，工作人员要具备对信息技术的运用能力，从而帮助农村居民获得想要的信息。第四，对疑问的解惑能力。当农村居民对于所找到的信息无法理解时，这就需要工作人员发挥其作用，为农村居民答疑解惑。

二、馆员的配置

网络时代，图书馆不再是不变的，而是一个移动的藏书阁，这是信息公路上的一个重要节点。网络技术的发展，使得农村人口文化素养不断提高，图书馆成为农村居民主要的信息获取渠道，因此管理员作用非常重要。新时代的图书馆工作人员必须对自己的能力提出较高的要求，才可以更好地适应这一工作环境，跟上时代的步伐。

农村图书馆根据需要对外界公开招募图书馆工作人员，应聘者要尊重这个职业，需要具备一定的专业素养和广泛的群众基础，熟悉农村、了解农民。也可以聘请政府退休人员及老师等，还可以根据实际情况招聘一些优秀的大学生兼职，让他们充分发挥自身的特点。大学生兼职人员素质好，技术全面，能力强，不需要技能培训就可以上岗。

第二节 建立图书馆信息服务平台，缩小城乡“数字鸿沟”

一、信息服务平台的分类

我国现有农业信息化服务平台，一般分为两类：一是基础类，二是应用类。

（一）基础类

所谓基础类农业信息化平台，一般指的是农业信息数据库的建立。通过对我国农业信息状况的全面了解和收集，形成有关农业科技信息的大型数据库中心。比如，中国农业科学院农业信息研究所主持建设的国家农业科学数据中心以满足国家和社会对农业科学数据共享服务需求为目的。目前已建成基于 13 个数据目录的庞大数据库。这类基础设施是最难建设的，投入大，耗时长。但是一旦这样的数据库中心网络建立起来了，将覆盖全国大部分地区，对我国农业经济的发展具有指导性作用。

（二）应用类

所谓应用类农业信息化平台，指的就是各地方农业相关部门或者政府组建的农业信息服务网站，由于得到国家农业信息化政策的支持，全国很多地方都建设了立足于本地农业经济发展需求的农业信息网站平台。但由于信息管理和组织以及农业信息服务人员队伍建设不到位等，许多农村信息服务平台的内容往往流于形式，可操作性差，提供的信息以宏观、综合信息为主，缺少准确可靠的供求信息、市场行情、价格预测等内容，对当地的农业经济的发展象征意义大于实际作用。

二、信息服务平台的理论基础和逻辑构想

（一）理论基础

本研究中提到的图书馆农业信息查询平台的构想灵感，来源于一些提供免费一站式服务的互联网公司。所谓一站式服务，其实就是只要用户有需

求，一旦进入某个服务站点，所有的问题都可以解决，没有必要再找第二家，其本质上就是系统销售服务，其实质就是服务的集成、整合。这些公司推出的基于一站式服务的软件产品，具有共同的特点。

（1）通过简单易学的操作吸引用户使用，让用户在生活或者工作中依赖该产品提供的各项服务，培养和提高用户的忠诚度。

（2）软件使用无须付费，用户能免费享受到该软件提供的主要服务功能。

（3）采用客户 / 服务器端模式（client/server，C/S），该模式的好处是，用户一旦安装、接受并使用该用户端工具，除非特别原因，一般不会轻易放弃或者改换门庭。

（二）逻辑构想

本研究中图书馆农业信息服务平台的逻辑架构（间图 9-1）设计为四层模式：核心数据库层、服务支持层、IP 区域识别层、终端用户层，下面分别谈谈这四层的功能和作用。

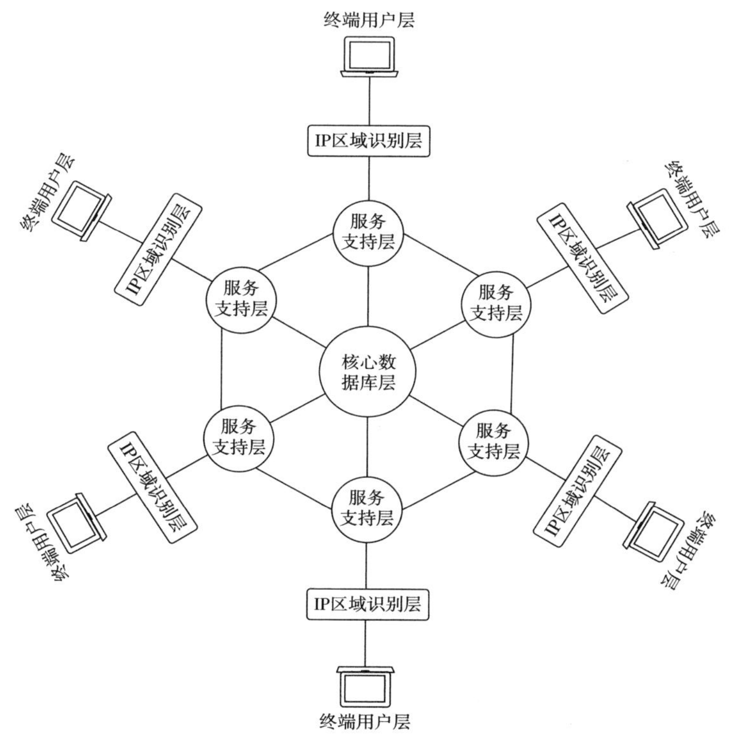

图 9-1　图书馆农业信息服务平台逻辑架构

（1）核心数据库层：该层以农业各服务领域的数据库服务器集群组成。提供详尽的数据信息服务。作为农业信息服务平台的核心组成，其作用不可替代。

（2）服务支持层：该层提供各种应用服务并接受终端用户提出的服务请求。由于本系统在设计之初就强调系统的兼容性、扩展性和灵活性的特征，所以，本系统也是一个不断扩容和变化的系统。

（3）IP 区域识别层：该层实际上发挥着 IP 数据库 + 路由的功能。我国不同省、不同地区 IP 地址的分布有着严格的划分，所以通过 IP 区域识别系统可以对不同地区的用户进行分类，以达到快速提供用户所在地信息的目的。

（4）终端用户层：该层是用户层，用户安装上终端软件后，就可以通过软件上的工具进行农业信息查询。

三、图书馆农业信息服务平台建设规划

图书馆是信息公平的捍卫者，能够有效缩小“数字鸿沟”。所谓“数字鸿沟”，是指由于信息技术、网络技术的差异导致地区间、城乡间和人群间的贫富悬殊状态。《中共中央 国务院关于实施乡村振兴战略的意见》提出，要“实施数字乡村战略，做好整体规划设计……开发适应‘三农’特点的信息技术、产品、应用和服务……弥合城乡数字鸿沟”。因此，需要及时发挥公共图书馆捍卫信息公平的职能，及时参与数字乡村振兴战略，缩小我国城乡“数字鸿沟”。

基于全国统一的农业信息服务平台的建设，规模宏大，费时耗力，要想成功必须有合理的建设规划和执行方案，需要政府各部门、科研院校、社会力量通力合作，依托农业信息化建设契机，实现农村经济发展目标，做到社会效益和经济效益双丰收。

四、农业信息服务平台的组织领导及推广宣传

各地应成立专门的“农业信息服务平台建设领导小组”，成员由参与该平台建设的各部门主管领导组成，负责整个平台的规划管理、政策研究、组织协调和指导监督等工作。各有关部门要履行职责，密切配合，农业部门负

责农村信息化建设的组织实施和农村信息员培训；信息产业部门负责为农村信息化建设提供装备保证、技术支撑和应用培训；财政部门负责统筹财力，保障重点，并切实监督农村信息化投入资金的使用效应；通信、广播电视部门负责加快完善农村信息化基础设施。各地还应设立农业信息平台建设专项资金，专款专用，依法监督。

农业信息服务平台的建设和投入使用，需要政府各部门大力推广和宣传，让农民知道该平台，熟悉和使用该平台。对上文提到的各地农业信息“孤岛”要大力整顿，可以把它们原有的数据，通过筛选后作为新信息服务平台的有益补充，进行有效管理和组织。

五、科研院校提供技术支持和咨询服务

农业信息服务平台的建立离不开科研院校提供的技术支持和咨询服务。由于农业信息服务平台规模过于宏大，没有严密的组织设计和逻辑推导方案，以及大量信息服务的支持，农业信息服务平台的建设将困难重重。科研院校无论从技术上还是人力资源上都有着非常雄厚的储备基础，让它们参与平台的建设，效能倍增。无论是组织规划、政策研究还是基层农业信息的收集、加工、分析、整理、传递和农业技能培训、农业知识咨询，科研院校都能发挥不可替代的作用。

六、社会力量的参与

社会力量的参与是农业信息服务平台建设资金和技术力量的重要补充。可以参考成功推出基于C/S模式的互联网公司的产品，对这些产品的研发流程和市场营销模式深入研究，从中寻找合作公司。由于这些公司在技术和商业运作上都有成功的经验，运用得好，对平台的建设能起到事半功倍的效果。

七、图书馆农业信息服务平台的社会效益和经济效益

可以预见，农业信息服务平台的建设，对我国农业经济的发展具有较大的促进作用，对我国农业信息化建设有明显的推动作用，其惠农、利农、富农的效果非常明显，社会效益巨大。

由于该平台（C/S 模式）网络访问流量比较固定且巨大，主管部门可以在平台运营前与 ISP 提供商签署流量分成协议，并与一些软件提供商签署通过该平台软件下载收益分成协议，以及广告招商协议，其经济收益应该是可观的。从另外一个角度讲，为了扩大影响力，让更多的人知道和访问农业信息服务平台，相关部门也会不遗余力地进行推广和宣传，做到社会效益和经济效益双丰收。

第三节　增加文献储备和资源收集，助推我国乡村振兴研究

乡村振兴战略的完善和发展，依赖于相关研究和实践经验的总结。而图书馆作为一个重要的研究辅助机构，具有情报中心的功能，能够提供丰富的参考资料、专业的咨询服务，承担着社区情报收集、整理等职能，因而能够为相关研究、决策提供有益参考。本研究认为，图书馆应当积极参与我国乡村振兴建设，助推我国乡村振兴研究。

一、乡村图书馆文献储备

（一）文献内容

农村图书馆的成立最重要和最基本的是要大量地购得类型丰富的文档书籍，这样才能更好地为农村居民服务。互联网时代的电子文献获取渠道相较于传统的纸质文献更方便，因此，合理配置文献资源的内容成为重中之重。对于农村居民来说，不同年龄、不同职业、不同性格的人都有自己所喜爱的书籍，因此，农村图书馆应根据农村实际情况多订购不同种类的书籍，满足农村读者的需求。

1.农作物书籍

有关农作物的书籍是十分契合农村居民日常生产的。农业生产技术不断进步，相关书籍内容要与时俱进，用浅显易懂的图示，让文化程度不高的农村居民能够了解相关知识，用于农业生产。

2.特色文献资料

众所周知，不同地区的图书馆收藏的图书资源各有不同，同一地区的不同图书馆收藏的图书也是各有特色。作为农村图书馆，在选择馆藏书籍时，除了要将挑选的重点放在如何让农村富裕方面，还需要选择一些与当地有关的历史人文或风土人情方面的资料，一是可以提高当地人的文化归属感；二是可以拓宽视野，实现多元化发展。

（二）文献形式

传统意义上的图书馆是单纯性地收藏一些读本资源。由于数字网络技术的发展，电子文献也成为各大图书馆藏书体系中的主要类型。

1.电子文献

电子文献主要有各大图书馆的珍藏资料、电子网络出版物、国际网络资源几种类型。国际网络资源是开放的，这样的资源很丰富，而电子网络出版物主要包括数据库、电子软件、电子图书等。各大图书馆的资源主要就是根据读者需要，利用信息技术建立的数据库，如地方文献、论文数据库等。

农村图书馆电子资源可以根据当地的经济状况、农业技术发展以及农特产等方面来配置相应的电子文献。电子资源主要以移动端资源的手机、平板电脑为主，即便是在农村，大部分地区已基本实现人手一机。

2.纸质文献

从古至今，图书馆收集了大量的文献资料，纸质资源十分丰富，对整个人类社会以及文明的进程都产生了巨大作用。纸本仍是图书馆最基本最重要的文献资料。一是纸质书籍有着长远的历史，在大部分人的心中，阅读纸质书籍已经成为生活的一部分。纸本特别直观，容易阅读，不受外界太多因素的影响，做笔记也十分方便。二是纸质书籍有公信力。对于大部分人来说，对于某一件事情的真伪，人们大都会选择相信书籍上的内容，这就是纸质书籍的公信力。与一般的书籍相比，图书馆所收藏的书籍都是经过仔细挑选的，是具有一定价值的书籍。三是纸质书籍对于信息的传承保护也是比较好的。当然纸本也有它的不足，如它的存放需要大量的空间，并且不易转移，不能够防火，而且容易变质，老化。再如，它的知识内容老化，不易更新，复制消耗人力物力，等等。

二、乡村图书馆资源收集

（一）收集方式

为深入研究乡村图书馆地方资源收集工作的开展情况，本研究特以龙岩图书馆（以下简称该馆）资源收集方式为例进行阐述。

1.普遍收集

地方资源是某一地域自然现象、社会现象和知识记录，天、地、人、物、事，包罗无遗，具有史料性、综合性和系统性。公共图书馆应普遍收集以下几个方面资料：本地区出版的各种方志，如市志、县志、镇志、乡志甚至村志，如该馆收藏的《龙岩市志》《龙岩新罗区志》《连城县志》《适中镇志》《岩山乡志》《董邦村史志》等就属于这类综合性地方文献；本地区出版的各种年鉴，如该馆收藏的《龙岩市年鉴》《龙岩新罗统计年鉴》《永定经济普查年鉴》等；本地区出版的族谱，如该馆收藏的《龙岩东肖张氏族谱》《长汀陈氏族谱》《福建永定卢氏族谱》等；本地区公开出版和内部发行的期刊、报纸、图书等有地方特征的文献资料，如该馆收藏的《闽西社科》《古韵汀州》《文化龙岩》《龙岩学院学报》《闽西职业技术学院学报》《闽西日报》《闽西乡讯》《闽西广播电视报》《龙岩乡讯》《溪南之窗》等；有关本地区的机关、企业、事业单位编辑印刷的会议材料汇编、学术论文等，如《龙岩市第四届人民代表大会第二次会议文件材料汇编》《龙岩市新罗区深入学习实践科学发展观活动材料汇编》《龙岩经济社会发展研究报告》《龙岩国税税收理论文集》《龙岩教育学会论文集》等；古今中外各地记载和反映有关闽西的各类资料，包括反映地方信息的票证、信函、物件、图册等。

2.重点收集

要有别于其他公共图书馆，体现该馆与众不同的地方特色，收集文献资料时应该有所侧重。例如，龙岩新罗区（原龙岩县）是当年中央苏区的核心区域，通过征集相关党史资料，包括历史文献、革命史书、革命回忆录、革命文物、革命旧址介绍等，体现红色文化，如龙岩图书馆收藏的《中央苏区革命史》《红色记忆》《闽西苏区教育》《红色票证》等；籍贯在本地区或者曾经在本地区居住并产生过重大影响的人物传记、手迹手稿、逸事照片、年谱等，甚至对其进行研究的各种资料都是收集对象，如该馆收藏的《邓子恢闽西文稿》《一生求真——江一真传》《项南的故事》《长江支队回忆录》等文献；收集记录本地区源远流长的客家文化的作品；收集非物质文化遗产，如闽西汉剧、永定土楼、连城四堡雕版印刷、龙岩山歌戏、“采茶灯”的相关资料等。

从资源形式上看，如手抄本、墨迹、碑帖等，即使是“断简零篇”“片纸只字”，也应在收集的范围。从载体上看，除包括传统的印刷型资料外，还包括声像型资料，如录音、电影、录像等，如山歌戏、采茶灯不同时期的服饰、乐谱、录音、照片和碟片等，集中收集起来加以整理，是很有价值的地方资源。

（二）收集渠道

1.地方志委员会

地方志委员会收集和拥有大量方志和专业志编写信息，是指导管理和审核编辑一个地区地方志和专业志的政府职能部门。图书馆依靠它们可以获得各类志书情况，包括编写、出版、印刷等，方便跟踪收集。

2.党史研究室

党史研究室收集和拥有大量有价值的资料，不仅编辑刊物和图书，而且专门管理研究和编写当地党组织成长历史和领导人在当地的业绩。图书馆可从党史研究室收集到需要的地方文献，形成馆藏特色。

3.政协文史委员会

各级政协收集研究和编写当地的文史资料，有考证文章，有各种回忆录……这是一些学识渊博、经验丰富的本地学者、名流收集编写的，极富地方特色，参考价值较高，图书馆要和他们建立长期的征集关系。

4.协会、学会、文化研究会

一般来讲，各类协会、学会、研究会都定期或不定期地编辑论文集或会刊。图书馆要加强联系，可以收集到大量有价值的地方资源。

5.街道、社区办事处

近年来，很多街道、社区加强了自身的文化宣传工作，创办刊物，印制书籍，经常举办各种反映本地区风土人情、生产生活方面的展览，它们手中具有地域性与史料性的各种资料也是图书馆收集的对象。像该馆收藏的《溪南之窗》就是很有特色的报纸。

6.出版社

反映地方特色的书画从出版部门的新书征订目录中可以找到，图书馆收集人员应及时到出版社或书店预订和采购。

7.旧书市场

旧书市场的旧书有相当一部分为地方史料及统计数据，或为地方风物及民间艺文，或为人物资料及个人专题论著，等等，图书馆在行业志、统计资料、气候及农业普查、人口普查资料、民间歌谣、故事、谚语、戏曲、曲艺、音乐、舞蹈、对联等资料方面的缺失，得到有效补充。由此不难看出，旧书市场应该成为乡村图书馆收集和抢救地方文献和地方史料的重要渠道。

除此之外，图书馆应积极参与乡村振兴建设，助推乡村振兴研究。具体路径主要包括如下几点：其一，图书馆应积极组织工作人员参与乡村振兴研究，努力形成一支训练有素、具有本土特色的乡村振兴研究队伍。其二，适时成立图书馆乡村振兴研究中心、乡村振兴智库工作室等机构，及时运用专业知识从事相关研究，为政府决策提供有效的政策咨询服务。其三，完善图书馆资源，特别注重挖掘和保存当地的信息、文献，为有关研究提供必要的文献咨询服务。其四，图书馆应积极与当地相关部门对接，积极参与县级乡村振兴研究院、乡村振兴研究联盟等平台的建设。其五，积极引导高校图书馆学、情报学和涉农专业学生到图书馆实习，辅助图书馆建设，参与相关的调查研究工作。

第四节　立足创新内容及原则，优化图书馆信息服务模式

一、图书馆信息服务模式创新内容及原则

（一）创新的内容

1.服务对象细化

服务对象细化要以信息用户为中心。图书馆信息服务的用户涉及普通农村居民、农业技术人员、农村企业工作人员、外出务工人员等群体，他们的收入水平、综合素质、对信息服务接受程度层次不一。另外，就专业从事农业生产的人员而言，其分工不同，包含农产品种养、加工、运输、购销等，

对农业信息服务存在不一样的需求。因此，图书馆要以信息用户为中心，细分各种类型的服务群体，针对其特有的信息需求，提供专属的服务。

2.服务内容供需平衡

服务内容供需平衡表现在信息服务提供者生产的农业信息产品或者提供的信息技术服务与信息服务用户的需求相一致。目前，我国的图书馆信息服务模式主要以政府为主导，对信息用户的真实需求了解不够。在创新模式中，要充分了解信息用户的需求，使政府供给与农户需求相互一致，提高有效供给率，减少不必要的资源浪费。

3.服务手段多样化

服务手段多样化表现在图书馆信息服务模式中，向信息用户提供信息服务时将多种信息传播载体综合利用。传统载体包括人际口头传播、报刊、图书、广播等，现代化先进传播载体包括数字电视、电脑、智能手机等。图书馆信息服务的对象层次多样化，每个个体因为其生活环境、个人综合素质、对新事物的接受能力、愿意花费的成本等不同，其对传播载体的要求、选择亦不相同，因此要提供多种多样的传播载体供其选择，从而提高图书馆信息的使用效率。

4.服务方式灵活化

服务方式灵活化表现在当服务对象和内容有所区别时，服务方式应该灵活多变。例如，针对流动性较大的农村外出务工人员，可以使用手机短信或微信的服务方式，劳动部门、运营商、外出务工人员相互捆绑，劳动部门提供就业劳务信息，获得务工人员就业信息反馈，运营商提供基础通信服务的同时扩大市场占有率，外出务工人员获得最新就业劳务信息的同时付出一定信息服务成本。针对当地农村居民和农企员工，可以使用有线电视、数字点播等服务方式。

（二）创新的原则

1.接受性原则

图书馆信息服务模式创新过程中要综合考虑信息服务对象的承受水平、接受能力，还有自身受教育程度、收入水平等因素。受教育水平等影响，农村用户的信息意识、信息获取利用的能力相对较低，在选择服务模式的过程中，充分考虑到以上因素是非常必要的。

2.因地制宜原则

图书馆信息服务模式创新过程中要充分考虑当地人员综合素质、经济收入水平、基础设施覆盖率等硬件条件，以及当地用户的差异化信息服务需求与习惯等软件条件，创造出能切实满足当地信息用户服务需求的本土化模式。

3.互动性原则

图书馆信息服务模式创新过程中要注重互动性。图书馆信息服务模式是一个由组织模式、服务内容、传播渠道、利益分配机制和支撑保障体系构成的具有复杂内在构成关系的整体。信息服务提供者、信息服务对象作为整个服务模式中的主体应具备良性的互动，因而需要构建良好的互动机制，信息服务提供者主动了解服务对象的需求，服务对象主动向服务者提出自身的需求，及时反馈图书馆信息服务的使用效果，才能确保整个模式的高效运作。

4.低费用原则

图书馆信息服务模式创新过程中要坚持低费用。在创造新的图书馆信息服务模式的过程中，要充分考虑网络基础设施建设、设备选型、信息工程建设、运行维护服务、技术架构等方面的投入，选择低成本、低费用的建设方案。

5.现代化原则

图书馆信息服务创新过程中要坚持现代化原则，即提高农业信息服务模式的现代化程度。信息化时代，“互联网+传统行业”的概念得到普及与运用，许多传统行业因此得到完美的转型，生产力大幅提升。我国是传统农业大国，“互联网+三农”是大势所趋。虽然目前由于文化水平等原因，农民了解或者接受现代化技术的能力相对较低，但图书馆信息服务中必须立足于现代化，立足于“互联网+”，以最简单、最易了解的方式将涉农网站、农业物联网、智能农业、农业电商、远程教育等融合到图书馆信息服务模式中，借此提升广大农民的知识使用能力，使其从现代农业中获得收益。

二、图书馆信息服务模式优化路径

（一）树立品牌服务意识，开展特色服务

在人们心目中，图书馆是文化、知识的殿堂。其得天独厚的信息资源优

势、人力资源优势、技术优势以及广泛的用户群等，为图书馆开展服务提供了有利的条件。然而，面对激烈的信息服务竞争，图书馆若继续持有传统服务观念，或一味地追求所谓的大而全，而没有自己的特色服务内容和服务品牌，形不成“拳头”服务项目，那势必会被淘汰。因此，图书馆应首先从观念转变出发，树立品牌服务意识，结合馆藏资源特色和服务目标群体，对信息服务进行重新定位，选择自己可以进入和占领的服务领域，力争做到人无我有，人有我精，从而创造自己的特色和品牌。图书馆服务品牌的创立就是要在同行业中通过特色服务，形成差别优势，然后再利用品牌营销方式，赢得更多用户。

品牌的建立要靠特色服务做支撑，特色服务的开展不是盲目的，而是要根据实际情况，有针对性地进行。图书馆应根据自己的服务领域和所承担的任务，通过横向比较和纵向分析，对已定的服务项目集中投入人力、物力和财力进行研究，力争赋予信息产品最大的附加值，使其他的信息服务机构无法取代。品牌服务一旦确立，就要持续去维护，去宣传，让品牌形象永存用户心中。既然是一种特色，就要大力宣传，这样才能在用户使用某种信息时，首先想到哪个服务机构提供的某类信息更有权威。

（二）图书馆个性化定制服务

1.数据库查询服务

数据库查询服务是一种比较初级的定制服务，最常用的方式是建立“镜像”数据库，为用户提供服务。“镜像”是将网上信息系统合理地备份下来，供用户使用。“镜像”数据库是由图书馆员根据用户需求，预先设定网址，合法备份网上信息，进行自动跟踪，然后经过筛选、下载，建立自己的专业数据库，并定期更新，为用户提供专题跟踪服务。这种数据库可以反复使用，并且可以建立检索文档，避免重复上网查找。但由于这种服务方式对用户目标群体缺乏准确的细分和定位，每个用户的查询模式和所获得的信息模式基本上是相同的，所以它只能是定制服务的雏形。

2.个性化服务系统 My Library

My Library 个性化服务即用户从图书馆网站可提供的全部馆藏数字资源里，选择自己需要的信息组织在 My Library 系统中，此后用户再访问该系统时，便可获取与此相关的最新内容。

My Library 是图书馆个性化的创新概念。美国图书馆界早在 1997 年就开始 My Library 项目的研发，该类项目很多是受搜索引擎个性化服务的启发而提出的，现在美国近 40 所图书馆开通了此项服务。下面以美国康奈尔大学（Cornell）图书馆应用原型 My Library 系统为例来说明这类服务系统。

该系统运用 Oracle 数据库技术存储大量的用户信息，用户通过 ID 和口令认证登录 My Library。该系统包括 My links 和 My update 两个工具。My links（我的链接）是一个让用户来搜集、组织个人使用资源的工具；而 My Update（我的更新）是将图书馆新到资源及时通知用户的一种工具。

My Links 允许用户收集、组织数字图书馆和因特网上最新的数字化资源，并允许用户将这些资源组织到自己 My links 的文件夹中。My Library 系统新用户的 My Links 有两个默认的文件夹，一个是"Library Services"（图书馆服务），它包含了康奈尔大学图书馆的服务链接。一个是"Internet Search Engines"（因特网上的搜索引擎），它包含了 Internet 上各种搜索引擎的链接。用户可以在 My Links 中创建文件夹，并根据自己的需要将不同的资源组织到不同的文件夹中。

My Update 允许用户确定自己的信息需求范围，并能根据用户需求定期对到馆的新资源进行检索。当有与用户要求匹配的新资源检出时，系统会自动用 E-mail 通知用户。My Update 利用 Oracle 创建了一个临时数据库来贮存图书馆新到资源，并且提供一个 Web 界面给用户建立自己的检索文件。

3. 学科信息导航

目前学术资源类网站应接不暇，读者要根据自己的需求寻找信息资源非常不易。于是人们就想到利用互联网交互技术，让服务器自动完成这项工作，在读者和信息源之间架起一座桥梁。学科信息导航服务将因特网上的节点按某些主题加以归纳、分类，按照方便用户的原则，引导用户到特定的地址获取所需信息。

（三）创建以人为中心的管理机制，实现用户与馆员的根本利益

1. 以用户为中心的用户管理机制

"以用户为中心"是图书馆服务不变的理念。建立以用户为中心的管理机制就是存储管理用户的全部资料，记录双方的全部接触活动。它类似企业

中的顾客关系管理系统，是图书馆开展信息服务的有力保障。用户管理机制的建立首先要存储用户的个人资料和信息需求情况，以便图书馆通过对用户需求状况的分析为其量身定做产品和服务，以满足用户的个性化需求，并可通过对历史需求信息的回顾，预测未来的需求趋势。其次还要强调用户的参与，加强用户与馆员之间的沟通和交流，使用户参与服务，并对用户提出的意见或建议进行分析研究，以便图书馆根据用户要求改变服务策略，提供切实能解决用户问题的服务。

2. 以馆员为中心的组织管理机制

未来图书馆的竞争是服务和管理的竞争，但归根结底依然是图书馆员整体素质的竞争。所以，要加强对图书馆人才的开发和管理，加强以人为中心的柔性管理。首先，要充分考虑馆员的多方面需要，通过多种激励措施，激发他们的工作热情，发挥他们的知识水平，增强他们的服务意识，同时促进馆员之间的知识流动，实现知识共享。其次，建立多样化的知识服务团队。在团队中，馆员积极寻求工作中的协同作业，强调以知识需求及自身的发展为目标，形成以多任务目标为导向的组织形式。多个服务团队能够在管理环境发生变化时，充分发挥组队结构的灵活性和弹性，使其功能和作用继续发挥。并且在各个团队之间形成一个相互信任、相互理解、相互支持、相互关心、相互尊重的和谐氛围，发挥各个动态知识服务团队的知识管理和服务智能水平。最后，在管理手段上建立多种制度以提高图书馆馆员的专业化水准。例如，建立职业资格证书制度，从源头上强化图书馆队伍，提高馆员的综合素质，还可以建立人才培养激励、物质利益激励、精神文化激励、目标价值激励和先进榜样激励等多种切实可行的激励机制模式，以促进图书馆员之间的竞争，培养其创新能力，提高整体服务水平。

参考文献

[1]王金龙．觉醒与沉睡：乡村生活印象[J]. 福建论坛（社科教育版），2004（9）：12–14.

[2]孙景淼．乡村振兴战略[M]. 杭州：浙江人民出版社，2018.

[3]卡尔・马克思资本论[M]. 徐靖喻，译．北京：煤炭工业出版社，2016.

[4]中共中央，国务院．乡村振兴战略规划（2018—2022年）[M]. 北京：人民出版社．2018.

[5]刘彦随．中国新时代城乡融合与乡村振兴[J]. 地理学报，2018，73（4）：14.

[6]丛喜权．不忘初心、牢记使命为实现中国梦不懈奋斗：十九大报告主题研究[J]. 黑河学院学报，2018，9（9）：24–26.

[7] 周迎杰．论图书馆文化的内涵及功能[J]. 娄底师专学报，2002（2）：106–107.

[8] 赵旭东，孙笑非．中国乡村文化的再生产：基于一种文化转型观念的再思考[J]. 南京农业大学学报（社会科学版），2017，17（1）：119–127，148.

[9] 倪国良，张世定．乡村振兴中乡村文化自信的重建[J]. 新疆社会科学，2018（3）：131–137.

[10] 戚晓明．乡村振兴背景下乡村文化再造与文化自觉[J]. 艺术百家，2018（5）：94–98.

[11] 李军明，向轼．论乡村振兴中的文化重构[J]. 广西民族研究，2018（5）：95–103.

[12] 李程骅．城乡一体化战略下的产业空间互融机制研究[J]. 学海，2011（6）：44–48.

[13] 王小林 . 中国农村卫生事业发展的财政支持政策 [J]. 财政研究，2006（3）：44–47.

[14] 支铁 . 关于在我国建立汽车图书馆与使用流动书车的设想 [J]. 图书馆学研究，1986（3）：17–20.

[15] 袁金辉，乔彦斌 . 自治到共治 ：中国乡村治理改革 40 年回顾与展望 [J]. 行政论坛，2018，25（6）：19–25.

[16] 佟玉芳 . 农家书屋走完“最后一公里”[J]. 中文信息，2017，1（2）：18.

[17] 伍应洪 . 论新时代乡村治理体系的路径选择 [J]. 改革与开放，2018（22）：5–7.

[18] 甘肃省新闻出版局 . 农家书屋推动农村法制建设 [J]. 党建，2012（11）：46–48.

[19] 周舟 . 农家书屋与西部地区新农村建设研究 [J]. 经济地理，2010，30（4）：668–671.

[20] 王仕勇 . 推进农家书屋数字化建设的思考 [J]. 出版发行研究，2012（8）：36–38.

[21] 赵鹏，魏峰 .2020 年中国 5G 终端产业发展展望 [J]. 计算机与网络，2020，46（4）：75.

[22] 徐进 . 图书馆应积极参与非物质文化遗产的保护工作：兼谈泰州市图书馆保护非物质文化遗产的实践 [J]. 图书馆理论与实践，2007（3）：134–136.

[23] 周文，肖蓼 . 欠发达地区非物质文化遗产保护协同机制建设探析：基于地方高校图书馆视角 [J]. 图书馆工作与研究，2021（12）：79–85.

[24] 张延红 . 加强图书馆地方文化资源建设研究 [J]. 文化产业，2021（33）：70–72.

[25] 任巨凤 . 新时期图书馆弘扬传统文化研究 [J]. 文化产业，2021（33）：124–126.

[26] 潘峰 . 公共图书馆优秀传统文化阅读推广探讨 [J]. 办公室业务，2021（22）：173–174.

[27] 王亚宁，段宇锋，徐红芳 . 公共图书馆组织文化对服务创新的作用机制 [J]. 图书馆论坛，2021，12（24）：1–11.

[28] 杨屹 . 新时期公共图书馆文化创新创意服务研究 [J]. 河南图书馆学刊，2021，41（11）：39–41.

[29] 菅晓睿 . 儿童阅读与弘扬优秀传统文化：以抚顺市图书馆为例 [J]. 河南图书馆学刊，2021，41（11）：101–102.

[30] 王莉红 . 智慧化趋势下基层图书馆资源整合与共享策略分析 [J]. 河南图书馆学刊，2021，41（11）：126–127.

[31] 常青，杨武健 . 乡村振兴背景下图书馆参与乡土文化遗产保护研究 [J]. 图书馆，2021（11）：44–49，63.

[32] 张义祥 . 乡村振兴战略背景下基层图书室发展路径研究 [J]. 农村·农业·农民（B版），2021（12）：45–47.

[33] 王昌鸿 . 乡村振兴战略下公共图书馆的价值实现 [J]. 参花（上），2021（12）：95–96.

[34] 于光莲 . 乡村振兴战略背景下高校图书馆助力农村文化振兴策略研究 [J]. 农业与技术，2021，41（22）：174–177.

[35] 马扬称 . 乡村振兴战略背景下基层图书馆的角色转换研究 [J]. 传媒论坛，2021，4（22）：143–145.

[36] 王飞，张若雅，徐旭光，等 . 智慧图书馆人文精神建设 [J]. 大学图书情报学刊，2021，39（6）：66–70.

[37] 李艳春 . 乡村振兴背景下公共图书馆提升文化精准服务的路径研究 [J]. 兰台内外，2021（31）：52–54.

[38] 丁若时，应悦 . 高质量发展背景下公共图书馆主题图书馆建设策略研究 [J]. 图书馆学刊，2021，43（9）：39–44.

[39] 王雄青 . 文化振兴视域下乡村图书馆信息素养教育研究 [J]. 图书馆工作与研究，2021（增刊 1）：131–135.

[40] 郝晓攀，张燕 . 农家书屋在乡村振兴战略中的作用与意义研究 [J]. 邯郸职业技术学院学报，2021，34（3）：92–96.

[41] 刘茂源 . 乡村振兴背景下江浙村庄村民中心设计研究 [D]. 无锡：江南大学，2021.

[42] 陈怡颖 . 乡村振兴背景下农家书屋的精准服务模式及对策研究 [D]. 曲阜：曲阜师范大学，2021.

[43] 邓娟 . 我国省级公共图书馆非物质文化遗产保护研究 [D]. 太原：山西财经大学，2021.

[44] 吕超颖 . 乡村振兴战略下乡村阅读推广研究 [D]. 长沙：湖南师范大学，2020.